CLASSIQUES LAROUSSE

Collection fondée en 1933 par FÉLIX GUIRAND
continuée par
LÉON LEJEALLE (1949 à 1968) et JEAN-POL CAPUT (1969 à 1972)
Agrégés des Lettres

GÉRARD DE NERVAL

SYLVIE
LES CHIMÈRES
POÉSIES DIVERSES

avec une Notice biographique, deux Notices historiques et littéraires,
des Notes explicatives, une Documentation thématique,
des Jugements, un Questionnaire et des Sujets de devoirs.

par

DANIEL COUTY

LIBRAIRIE LAROUSSE

17, rue du Montparnasse, 75298 PARIS

RÉSUMÉ CHRONOLOGIQUE
DE LA VIE DE GÉRARD DE NERVAL
1808-1855

1808 — **Naissance à Paris** de Gérard Labrunie (22 mai).

1809 — Son père, attaché au service de l'armée du Rhin, sert en Pologne et en Autriche. Sa mère l'accompagne. Gérard est confié à une nourrice de Loisy.

1810 — Mort de sa mère en Silésie : l'enfant va vivre chez son grand-oncle, Antoine Boucher, à Mortefontaine.

1812 — Campagne de Russie.

1814 — Retour de son père, qui, après avoir obtenu sa retraite, s'installe à Paris en compagnie de son fils.

1815 — Seconde abdication de Napoléon. La Restauration.

1820 — Mort de l'oncle Boucher.

1826 — Gérard est élève au **lycée Charlemagne**. Il publie les *Élégies nationales*.

1828 — Traduction du *Faust* de Goethe. Mort de sa grand-mère.

1830 — Gérard publie un *Choix des poésies de Ronsard...*, une traduction de poésies allemandes.

1830 — Révolution. La monarchie de Juillet.

1831 — Il présente sans succès deux pièces, *le Prince des sots* et *Lara*, à l'Odéon.

1833 — **Première rencontre de Jenny Colon**, cantatrice et comédienne (?).

1834 — Héritage de ses grands-parents. Voyage en Italie.

1835 — Avec Th. Gautier, Arsène Houssaye, Camille Rogier, Gérard s'installe dans l' « impasse du Doyenné ». **Ils fondent le *Monde dramatique***, entreprise ruineuse, visant à lancer Jenny Colon.

1836 — Faillite du *Monde dramatique*. Dettes. Gérard voyage en Belgique.

1837 — Il collabore aux journaux, publie *Piquillo*, adresse des lettres d'amour à Jenny Color.

1838 — Jenny Colon épouse le flûtiste Leplus. Premier voyage en Allemagne, d'où il rapporte un drame, *Léo Burckart*.

1839 — Il passe l'hiver à Vienne, y rencontre Liszt et Marie Pleyel.

1840 — Traduction du *Second Faust*. Voyage en Belgique.

1841 — **Première crise** (21 février). Il séjourne huit mois dans la clinique du docteur Blanche.

1842 — Mort de Jenny Colon. Gérard part pour l'Orient.

© *Librairie Larousse*, 1973.   ISBN 2-03-870127

1843 — **Voyage en Orient :** Malte, les Cyclades, Le Caire, Beyrouth, Constantinople.

1844 — Voyage en Hollande. Collaboration à diverses revues.

1846 — Fréquentes excursions dans le Valois. Notes pour *Angélique, Sylvie, Promenades et souvenirs.*

1848 — Abdication de Louis-Philippe. Révolution.

1849 — Nouvelle crise en avril. Création des *Monténégrins.*

1850 — Création, à l'Odéon, du *Chariot d'enfant.* Nouveau voyage en Allemagne.

1851 — Coup d'État du 2 décembre. **Publication du Voyage en Orient.**

1852 — Le second Empire.

1852 — Voyage en Hollande. **Publication,** dans l'*Artiste,* **de** *la Bohème galante* ; *les Illuminés* ; *Lorely, Souvenirs d'Allemagne* ; *les Nuits d'octobre.*

1853 — Nouveau séjour (avril-mai) à la clinique du docteur Dubois ; *Sylvie* paraît (15 août) dans *la Revue des Deux Mondes* ; publication des *Petits Châteaux de Bohème* ; en août, Gérard est interné à la maison de santé du docteur Émile Blanche, à Passy ; **il compose Aurélia.**

1854 — *Les Filles du feu* ; *les Chimères* ; *Promenades et souvenirs* ; en mai, Gérard est rendu à la liberté. Voyage en Allemagne. Dernier séjour (août-octobre) à la maison de Passy.

1855 — Le 26 janvier, à l'aube, **Gérard est trouvé pendu** à une grille de la rue de la Vieille-Lanterne (ruelle voisine du Châtelet, aujourd'hui disparue). *Aurélia* paraît dans la *Revue de Paris.* Publication en volume de la *Bohème galante,* par les soins de Houssaye.

Gérard de Nerval avait vingt-huit ans de moins que Béranger ; vingt-cinq de moins que Stendhal ; dix-huit de moins que Lamartine ; quinze de moins que Casimir Delavigne ; onze de moins que Vigny ; neuf de moins que Balzac ; six de moins que Hugo ; cinq de moins que Mérimée et Dumas ; quatre de moins que George Sand et Sainte-Beuve ; un de moins qu'Aloysius Bertrand ; un an de plus que Pétrus Borel ; deux de plus que Maurice de Guérin et Musset ; trois de plus que Gautier ; dix de plus que Leconte de Lisle ; treize de plus que Baudelaire et Flaubert.

GÉRARD DE NERVAL ET SON TEMPS

	la vie et l'œuvre de Nerval	la vie artistique	la vie politique
1808	Naissance à Paris de Gérard Labrunie. Son père est médecin de la Grande Armée.	Goethe : Faust.	Début de la guerre d'Espagne.
1810	Mort de sa mère en Silésie. Gérard vit à Mortefontaine chez son oncle, Antoine Boucher.	Mme de Staël : De l'Allemagne.	Apogée de l'Empire : mariage de Napoléon et de Marie-Louise.
1826	Nerval, élève, au lycée Charlemagne, publie les Élégies nationales.	V. Hugo : Odes et Ballades. Vigny : Poèmes antiques et modernes.	Guerre turco-grecque.
1828	Traduction du Faust de Goethe.	É. Deschamps : Études françaises et étrangères. Sainte-Beuve : Tableau de la poésie française au XVIe siècle. Mort de Goya et de Schubert.	Démission de Villèle : ministère Martignac. René Caillié à Tombouctou.
1830	Gérard traduit des Poésies allemandes et un Choix des poésies de Ronsard.	Stendhal : le Rouge et le Noir. Lamartine : les Harmonies. V. Hugo : Hernani.	Les « Trois Glorieuses ». Prise d'Alger.
1831	Premiers essais dramatiques : le Prince des sots et Lara.	V. Hugo : les Feuilles d'automne. Notre-Dame de Paris. Dumas : Antony. Balzac : la Peau de chagrin.	Soulèvements en Italie. Insurrection en Pologne. Troubles à Lyon.
1835	Fondation du Monde dramatique.	Balzac : le Père Goriot. Stendhal : la Vie d'Henri Brulard. V. Hugo : les Chants du crépuscule. A. de Vigny : Chatterton. A. de Musset : Nuits de mai, de décembre.	Attentat de Fieschi. Lois répressives concernant notamment la presse.

	Vie de Nerval	Littérature et arts	Histoire
1837	Piquillo, avec Jenny Colon.	Mérimée : la Vénus d'Ille. Musset : les Voix intérieures. V. Hugo : Un caprice ; la Nuit d'octobre. Ch. Dickens : Oliver Twist. G. Sand : Mauprat. Berlioz : Requiem. Rude : groupe du Départ des volontaires (Arc de triomphe).	Traité de la Tafna : cession à Abd el-Kader des provinces d'Oran et d'Alger. Prise de Constantine par le général Valée.
1840	Nerval traduit le Second Faust.	Poe : Contes. Mérimée : Colomba. Sainte-Beuve : Port-Royal. V. Hugo : les Rayons et les ombres. A. Thierry : Récits des temps mérovingiens. Delacroix : Prise de Constantinople par les croisés.	Ministère Thiers, puis ministère Soult-Guizot. Bugeaud gouverneur général de l'Algérie. Traité de Londres (Angleterre, Russie, Autriche, Prusse), hostile à la France dans la Question d'Orient. Retour des cendres de Napoléon.
1842	Première crise de folie.	Premiers poèmes de Baudelaire. E. Sue : les Mystères de Paris.	Convention des Détroits.
1851	Voyage en Orient.		Coup d'État de Louis-Napoléon Bonaparte.
1852	Les Illuminés.	Th. Gautier : Émaux et Camées. Leconte de Lisle : Poèmes antiques. Dumas fils : la Dame aux camélias.	Le second Empire ; Napoléon III, empereur héréditaire. Cavour, en Savoie-Piémont, est appelé au ministère.
1853	Nouvelle crise. Rédaction de Sylvie. Publication des Petits Châteaux de Bohême.	V. Hugo : les Châtiments. H. Taine : La Fontaine et ses fables. Rude : le Maréchal Ney.	Haussmann préfet de la Seine. Début de la guerre russo-turque, dans laquelle seront ensuite engagées la France et l'Angleterre (guerre de Crimée).
1854	Voyage en Allemagne. Nouveau séjour en clinique. Rédaction des Filles du feu et des Chimères.		Guerre de Crimée : siège de Sébastopol.
1855	Publication de la première partie d'Aurélia le 1er janvier. Dans la nuit du 25 au 26 janvier, Gérard est trouvé pendu. Le 15 février paraît la seconde partie d'Aurélia.	G. Sand : Histoire de ma vie. Leconte de Lisle : Poèmes et poésies. Dix-huit poèmes de Baudelaire dans la Revue des Deux Mondes.	Exposition universelle à Paris. Mort du tsar Nicolas Ier.

BIBLIOGRAPHIE

LES TEXTES :

Gérard de Nerval — *Œuvres* (2 vol.), présentées par Albert Béguin et Jean Richer (Paris, « Bibliothèque de la Pléiade », Gallimard, 1952-1957). Le volume premier contient les œuvres poétiques, romanesques et la correspondance (4e éd., 1966). Le volume II présente le *Voyage en Orient* ainsi que les *Illuminés* (2e éd., 1960).

Gérard de Nerval — *Œuvres*, présentées par Henri Lemaître (Paris, Garnier, 1958).

Gérard de Nerval — *Voyage en Orient*, présenté par Henri Lemaître (Paris, Garnier, 1958).

Outre ces éditions d'ensemble, il existe des publications d'œuvres séparées :

Gérard de Nerval — *Sylvie-Aurélia*, présentées par Raymond Jean (Paris, José Corti, 1964) ;

Gérard de Nerval — *Aurélia*, édition critique de Jean Richer (Paris, Minard, 1965) ;

Gérard de Nerval — *les Chimères*, présentées par Jeanine Moulin (Genève, Droz, 1966) ;

Gérard de Nerval — *les Chimères*, édition critique de Jean Guillaume (Bruxelles, 1966) ;

Gérard de Nerval — *Œuvres complémentaires*, publiées sous la direction de Jean Richer (Paris, Minard, 1959-197...). Huit volumes sont prévus ; six sont sortis à ce jour.

MANUELS BIBLIOGRAPHIQUES :

Jean Sénelier — *Gérard de Nerval : essai de bibliographie* (Paris, Nizet, 1959). À compléter par la *Bibliographie nervalienne*, du même auteur (Paris, Nizet, 1968).

James Villas — *Gérard de Nerval : a Critical Bibliography* (Columbia, University of Missouri Press, 1968).

OUVRAGES CRITIQUES D'ENSEMBLE :

Aristide Marie — *Gérard de Nerval, le poète, l'homme* (Paris, Hachette, 1914, rééd., 1955).

Albert Béguin — *Gérard de Nerval* (Paris, José Corti, 1945, 3e rééd., 1968).

Jean Richer — *Gérard de Nerval et les doctrines ésotériques* (Paris, le Griffon d'or, 1947).

Jean Richer — *Gérard de Nerval* (Paris, Seghers, coll. « Poètes d'aujourd'hui », 1950, 7e éd., 1972).

Léon Cellier   *Gérard de Nerval, l'homme et l'œuvre* (Paris, Hatier, 1956, rééd., 1963).

Jean Richer   *Nerval : expérience et création* (Paris, Hachette, 1963, 2ᵉ éd. refondue, 1970).

Raymond Jean   *Nerval par lui-même* (Paris, Éd. du Seuil, 1964).

Ross Chambers   *Gérard de Nerval et la poétique du voyage* (Paris, José Corti, 1969).

OUVRAGES OU ARTICLES SUR « SYLVIE » :

Outre de substantielles pages dans les thèses de Jean Richer (Nerval, expérience et création, pp. 301-330) et de Ross Chambers (pp. 238-269) ainsi qu'une remarquable analyse du temps dans la nouvelle dans l'ouvrage de Raymond Jean (pp. 58-81), on aura recours à :

Georges Poulet   *Trois Essais de mythologie romantique* (Paris, José Corti, 1966). Contient un remarquable essai sur « Sylvie ou la Pensée de Nerval » ;

Léon Cellier   *De Sylvie à Aurélia* (Paris, Minard, « Archives des lettres modernes », 1972). Une analyse des structures narratives ;

Umberto Eco   *Il Tempo di « Sylvie »* (Turin, Poesia e critica, 1961, pp. 51-56) ;

Jean Richer   *Nerval et les archétypes* (Paris, Minard, 1972). Nerval, l'horoscope et la littérature.

Enfin, l'on s'arrêtera sur les pages de Proust consacrées à Nerval dans le Contre Sainte-Beuve (Pléiade, pp. 233-242), très marquées par l'impressionnisme critique, mais le dépassant en raison des intuitions géniales de leur auteur.

OUVRAGES ET ARTICLES SUR LA POÉSIE NERVALIENNE :

On trouvera de nombreuses remarques dans les ouvrages déjà cités (Richer, chapitres VII, XVI-XVIII ; Raymond Jean, pp. 121-128 ; Béguin, pp. 95-109). Pour une approche plus précise, on aura recours à l'ouvrage d'ensemble de

Georges-René Humphrey   *l'Esthétique de la poésie de Gérard de Nerval* (Paris, Nizet, 1969).

Octave Nadal   « Poétique et poésie des *Chimères* », in *Mercure de France*, n° 1101 (1955), pp. 405-415.

Henri Meschonnic   « Essai sur la poétique de Nerval », in *Europe*, septembre 1958 (repris in *Europe*, avril 1972).

François Constans   « Sybilles nervaliennes », in *Revue des sciences humaines*, fasc. 91 et 94.

Enfin, on lira la remarquable mais difficile thèse de Jacques Geninasca, Analyse structurale des « Chimères » de Nerval (Genève, La Baconnière, 1971).

« A gauche, il y a une route qui longe le bois d'Hallate,
C'est par là qu'un soir le frère de Sylvie m'a conduit dans sa carriole
à une solennité du pays » (pp. 64-65, lignes 3-5).

Étang et route de Chaalis dans l'Oise.

SYLVIE
1854

NOTICE

CE QUI SE PASSAIT AU TEMPS DE GÉRARD DE NERVAL

■ *EN POLITIQUE.* Règne de Charles X (1824-1830). Le ministère de Villèle propose le rétablissement du droit d'aînesse (1826). Bataille de Navarin (1827). Les « Trois Glorieuses » (27, 28, 29 juillet 1830). Règne de Louis-Philippe (1830-1848). Mort du roi de Rome, à Vienne (1832). Attentat de Fieschi (1835). Retour des cendres de Napoléon (décembre 1840). Le prince Louis-Napoléon est élu président de la République (1848). Rétablissement de l'Empire (1852). Début de la guerre russo-turque, dans laquelle seront ensuite engagées la France et l'Angleterre (guerre de Crimée) [1853]. Exposition universelle à Paris (1855).

■ *EN LITTÉRATURE.* En France : Béranger : Chansons (1816-1833). Stendhal : Racine et Shakespeare (1823). Émile Deschamps : Études françaises et étrangères (1828). V. Hugo : les Orientales (1829). Sainte-Beuve : Vie, poésies et pensées de Joseph Delorme (1829). Petrus Borel : Rhapsodies (1832). Balzac : Histoire intellectuelle de Louis Lambert (1832). Théophile Gautier : les Jeunes-France (1833). Marcelline Desbordes-Valmore : Les Pleurs (1833). Théophile Gautier : la Comédie de la mort (1838). Aloysius Bertrand : Gaspard de la nuit (1842). V. Hugo : le Rhin (1842). Balzac : les Paysans (1844). Baudelaire : Salon de 1846. George Sand : la Petite Fadette (1844). Chateaubriand : les Mémoires d'outre-tombe (1850). Leconte de Lisle : Poèmes antiques (1852). V. Hugo : les Châtiments (1853). George Sand : Histoire de ma vie (1855). À l'étranger : Thomas de Quincey : Confessions d'un mangeur d'opium (1821). Mort de Jean-Paul Richter (1825). Goethe : le second Faust (1829). Heine se fixe à Paris (1830). Gogol : Tarass Boulba (1835). Edgar Poe : Arthur Gordon Pym (1838), le Corbeau (1845). Emily Brontë : les Hauts de Hurlevent (1847).

■ *DANS LES SCIENCES ET DANS LES ARTS.* Champollion établit un Précis du système hiéroglyphique (1824). Invention de la bougie stéarique par Chevreul et Gay-Lussac (1825). Ouverture de la première ligne de chemin de fer française (1er octobre 1828). Daguerre découvre la photographie (1839).

Mort de Geoffroy Saint-Hilaire (1844). Télégraphe Morse (1844). Le géographe Alexandre von Humboldt publie le Kosmos (1846). Premier câble sous-marin entre Calais et Douvres (1850). L'obélisque de Louxor est érigé sur la place de la Concorde (1836); achèvement de l'Arc de triomphe de l'Étoile. Le projet de restauration de Notre-Dame, adopté par les Chambres, est confié à Viollet-le-Duc (1844). Construction de la bibliothèque Sainte-Geneviève (1844). Rude : le Maréchal Ney (1853). — Géricault : le Radeau de la « Méduse » (1819). Ingres : l'Apothéose d'Homère (1827). Delacroix illustre le Faust de Goethe (1829). Théodore Rousseau : la Descente des vaches (1835). Delacroix : Entrée des croisés à Constantinople (1840). Corot : les Jardins de la villa d'Este (1843). Courbet : la Rencontre (1855).

En musique : Weber : Oberon (1826). Rossini : Guillaume Tell (1829). Berlioz : Symphonie fantastique (1830), Requiem (1837). Wagner : Tannhäuser (1845). Berlioz : la Damnation de Faust (1846).

PUBLICATION DES « FILLES DU FEU »

Composées hâtivement à partir de textes déjà publiés ou d'inédits, les *Filles du feu* sortiront en librairie dès les premiers jours de 1854. Depuis trois années, Nerval avait publié cinq volumes essentiels (*Voyage en Orient, les Illuminés, Lorely, Contes et Facéties, Petits Châteaux de Bohême*); signe évident d'un auteur qui se sent méprisé, méconnu, inconsidéré, mais surtout qui sent ses possibilités intellectuelles décroître : « Vous savez que l'inquiétude sur mes facultés créatrices était mon plus grand sujet d'abattement », avoue-t-il à son ami George Bell dans une lettre du 27 juin 1854.

Le titre du recueil a donné du souci à Gérard, comme le confirme sa correspondance avec Daniel Giraud, son éditeur. Il semble que la première version envisagée fut *L'amour qui passe* ou *Scènes de la vie* (titres qui expriment « ce qu'il veut faire », mars 1852), puis *les Filles du feu*, qu'il trouve « bien frou-frou; cela a un air de féerie et je ne vois pas trop que cela réponde au contenu » (10 janvier 1854). Aussi propose-t-il un autre titre, *les Amours perdues*, qui lui « semble rendre bien mieux le sentiment doux du livre, et c'est plus littéraire, rappelant un peu *Peines d'amour perdues* de Shakespeare ». Finalement, il reviendra, au moment du tirage, sur le second titre, qui, ainsi que le notait un critique de l'époque, « n'a rien de diabolique : [son] origine est la fine flamme du cœur et de l'esprit chimiquement amalgamés à haute dose ».

LA COMPOSITION

Toutes ses lettres font état, en cette période, de l'agitation fébrile de Gérard pour arriver à terminer son recueil. Au départ, il dispose de certains textes : *Sylvie*, qui vient d'être écrite; *les Faux Saulniers*, publiés en feuilleton dans le *National* (1850); *Octavie*, qu'après avoir terminée en 1842 il reprend en 1845, sous le titre de l'*Illusion*, avant de la faire paraître sous sa forme définitive dans le *Mousquetaire* (1853); *Corilla*, comédie publiée en 1839 et reprise dans les *Petits Châteaux de Bohême*.

Dans le même temps, il a en cours une nouvelle, *Pandora*, qu'il compte insérer dans son recueil : hélas! sa course contre la montre sera perdue. Alors, pour remplir son ouvrage, il reprend les textes pour les intégrer à son volume : d'un article publié en 1845 (adaptation de l'étude d'un archéologue allemand) il tire *Isis*; d'une nouvelle allemande de Charles Seasfeld, il fait *Jemmy*, et enfin il reprend une œuvre écrite en collaboration avec un inconnu — Auguste Maquet — pour donner *Émilie*.

Il y joint douze sonnets groupés sous le titre mystérieux des *Chimères*.

Voilà donc le volume qui, avec *Aurélia*, a valu à Gérard la célébrité. Tout n'y brille pas du même éclat et n'y a pas la même authenticité. À côté des œuvres purement nervaliennes — *Angélique* et *Sylvie*, qui représentent le folklore français avec l'appendice des *Chansons et légendes du Valois*, *Octavie*, *Isis* et *Corilla*, qui rappelleront le feu volcanique et païen —, les éditeurs ont cru, à juste titre, devoir abandonner *Jemmy* et *Émilie*, dont l'insertion entre les deux groupes et à la fin du recueil ralentit la montée vers l'explosion finale des *Chimères*. L'ensemble est précédé d'une importante préface à Alexandre Dumas.

Recueil apparemment hétéroclite, *les Filles du feu* tirent cependant leur unité, comme le souligne M. Jean Richer, « d'une série de personnages passionnés [...] et grâce aussi à un subtil contrepoint qui associe constamment l'événement réel à de multiples ressouvenirs[1] ».

« SYLVIE »

Conception et rédaction.

Divers textes (*Angélique, les Nuits d'octobre*) montrent qu'entre 1850 et 1853 la pensée de Nerval revient avec insistance vers son Valois d'origine. Il s'y rend à maintes reprises, laissant mûrir en lui les personnages de ses nouvelles. Dès le mois d'août 1852, il travaille dur pour polir Sylvie : « Quand vous m'avez écrit, avoue-t-il à Buloz, j'étais dans le Valois faisant le paysage de mon action. [...] Pour moi c'est fini, c'est-à-dire écrit au crayon sur une foule de morceaux de papier, que je n'ai qu'à récrire : un bon coup de collier de trois ou quatre jours. [...] Je doute bien d'être prêt pour la fin du mois; mais, n'est-ce pas, il vaut *mieux que ce soit mieux*. »

Nous avons pu conserver deux de ces « morceaux de papier », difficiles à déchiffrer. Dans la Documentation thématique, nous donnons trois morceaux qui furent les premiers crayons de la nouvelle, avant que le poli final fût donné. Ce poli final dura longtemps, car, le 11 février 1853, Gérard se plaignait de sa propre lenteur, qu'il attribuait à son désir « de vouloir trop bien faire ». Le 29 juillet, il annonce la fin de son travail, dû à « la seule hâte [...], sinon je perle trop ». Mais de son projet initial il abandonne plusieurs pages qui, sans doute, formeront le corps des *Promenades et souvenirs*.

---

1. Jean Richer, *Nerval, expérience et création* (Paris, Hachette, 1963).

C'est finalement le 15 août 1853 que *Sylvie* paraît dans *la Revue des Deux Mondes*.

Les sources de « Sylvie ».

Les lieux de la nouvelle sont ceux qui ont bercé l'enfant alors qu'il n'était encore que Gérard Labrunie. Aucune influence, si ce n'est celle de son expérience.

Les personnages, s'ils rappellent des héroïnes de Marivaux ou de Musset, sont trop marqués par la palette nervalienne pour qu'on songe à leur trouver des ancêtres ailleurs que dans le cœur de Gérard.

Non, s'il nous faut rechercher une influence, c'est dans l'atmosphère du récit que nous la trouverons. Gérard lui-même nous indique quelques points de repère : Rousseau, qui fait planer son ombre sur tout le livre et dont Nerval cite *la Nouvelle Héloïse* et les pervenches des *Confessions*. Ailleurs, c'est un peintre, Watteau, qui lui fournit une atmosphère mystique de rêve et de nostalgie. Rousseau, Watteau : tous deux sont des hommes de ce siècle des lumières, de ce XVIIIᵉ siècle où Gérard s' « imaginait avoir vécu ». C'est dans cette littérature préromantique de la monarchie agonisante que Gérard aurait pu puiser les thèmes et l'atmosphère de sa pastorale s'ils n'étaient ancrés en lui comme le Valois au cœur de la France. Des souvenirs peuvent venir de Goethe (*Werther*), de Dante, d'Apulée (*l'Âne d'or*) ou de Francesco Colonna, mais l'essentiel est ailleurs, sous la baguette magique de Gérard, qui les fond dans ses thèmes obsédants pour construire son envoûtement symphonique.

Influence de « Sylvie ».

M. Raymond Jean a fait justement remarquer qu'il était difficile de « décrire en quelques lignes la postérité de Nerval ». Toutefois, il lui a paru possible d'indiquer les deux directions dans lesquelles *Sylvie* a pu influencer la littérature : l'une va « vers l'exploration du temps, l'autre vers la mise en évidence d'un monde de signes recomposant le monde réel[2] ».

La première voie, celle qui vient à l'esprit, est celle du souvenir : c'est elle qui mène à Proust et son immense « cathédrale littéraire » qu'est À la recherche du temps perdu, en passant par Baudelaire, qui, dans *les Fleurs du mal*, utilisera parfois le phénomène de la réminiscence involontaire (*la Chevelure*), et en Angleterre avec *le Moulin sur la Floss* de George Eliot. Certes, avant Nerval la littérature avait déjà exploité la mémoire : Rousseau, Chateaubriand (voir l'épisode de la grive de Montboissier dans les *Mémoires d'outre-tombe*, I, III), mais jamais il n'y avait eu une exploration aussi profonde du mécanisme et des sensations du souvenir.

L'autre voie, moins perceptible *a priori*, est peut-être celle qui a eu le plus de résonance dans la littérature moderne. Exploration de l'inconscient et

---

2. Raymond Jean, *Nerval par lui-même* (Paris, Éd. du Seuil, 1964).

du rêve (favorisée par les travaux de la psychanalyse), *Sylvie* aboutit à la vague surréaliste (Breton, Mandiargues) et surtout à la féerie magique de l'enfance qu'est *le Grand Meaulnes*.

Bien plus, l'œuvre cinématographique d'un Alain Resnais, avec ses « flash-back » et ses hallucinations (*l'Année dernière à Marienbad*, *Hiroshima mon amour*), a ses racines dans les explorations nervaliennes. Quand une œuvre possède un tel pouvoir prophétique, c'est qu'elle est d'une richesse qui dépasse le cadre étroit du « moment » de gloire, c'est qu'elle appartient effectivement à la race des chefs-d'œuvre, qui trouve d'époque en époque plus de jeunesse et de raison d'exister.

« SYLVIE » ET LES THÈMES NERVALIENS

Peu d'écrivains mêlent de manière aussi intime leur vie et leur œuvre, à tel point qu'il est parfois difficile de savoir si c'est la vie qui pénètre l'expérience littéraire ou si cette dernière vient se fondre dans un mythe vécu. Si Nerval s'est adonné à la création littéraire, c'est qu'il y voyait une sorte de salut pour son esprit et pour son âme : c'est la raison pour laquelle ses œuvres développent sans cesse des thèmes identiques qui s'enchevêtrent comme autant de réseaux obsessionnels.

DE NERVAL AU NARRATEUR

Dans ses *Essais sur le roman*, Michel Butor, parlant de l'usage des pronoms personnels, écrit : « Le narrateur, dans le roman, n'est pas une première personne pure. Ce n'est jamais l'auteur lui-même littéralement. [...] Il est lui-même une fiction, mais parmi ce peuple de personnages fictifs, tous naturellement à la troisième personne, il est le représentant de l'auteur, sa *persona*[3]. » De fait, tout le récit de *Sylvie* est écrit à la première personne : par là même, l'expérience de l'œuvre nous sera livrée non pas de façon brute, objective, mais teintée de notations qui ne cesseront de nous rappeler que derrière le narrateur (tantôt enfant, tantôt adolescent, à d'autres moments enfin homme mûr) se trouve Gérard.

Mais pas plus que Proust ne coïncidera avec son héros, Nerval ne sera totalement le héros de *Sylvie*. Le je qui écrit est Gérard tout en étant plus : il se trouve toujours en décalage avec son héros, possédant une expérience plus parfaite que celle de la vie. C'est, ainsi que le note G. Poulet, « une histoire légendaire, mais qui allégorise sa propre histoire à lui. » La nouvelle sera donc l'histoire des trois âges de l'homme que l'on distingue derrière le narrateur, son héros et l'enfant de Loisy : « âge de l'innocence, âge de l'expérience, âge du renoncement et de l'art[4] ».

---

3. Michel Butor, *Essais sur le roman* (N. R. F.), page 76 ; 4. Ross Chambers, *Nerval et la poétique du voyage* (Paris, José Corti, 1969), page 242.

C'est justement cette présence de Gérard derrière son héros qui doit nous faire réfléchir : ce n'est pas seulement pour la beauté et la fraîcheur du récit qu'il faut lire *Sylvie*. Il faut surtout y voir le témoignage d'un malade qui cherche à mettre de l'ordre dans son esprit. De là sans doute le caractère classique de ce chef-d'œuvre, cet aspect « de clarté et de mesure » qui reflète dans le récit l'effort intérieur de Nerval.

LA PERTE DU MOI

Pour qui veut comprendre l'œuvre de Nerval, il faut toujours avoir présente à l'esprit cette notion fondamentale d'un être malade et sensible, oppressé par le temps. Toute son expérience de voyageur témoigne de la ruine, ruine des monuments bien sûr, mais aussi des hommes et de leurs traditions que des restaurations maladroites effacent plus encore que le temps destructeur. Cela ne serait qu'un épisode secondaire et extérieur de son expérience si, pour lui comme pour Proust, la perte et la dégradation n'opéraient sur lui et en lui en premier lieu : la splendeur passée qu'étaient les monuments fait rejaillir un *moi* ancien qui marque une scission tragique dans l'individu, scission que soulignent les adjectifs utilisés par Nerval à ce moment-là : ici c'est une « amère tristesse » (*Sylvie*, p. 46), là une promenade où l'on rencontre Gérard « rêvant amèrement aux jours perdus de son printemps » (*les Illuminés*, « Les confidences de Nicolas »).

Plus que tout, la perte des êtres aimés fait resurgir des époques successives de sa vie différents *moi* qui altèrent sa raison dans le choc de leur rencontre. *Les Amours perdues* étaient le titre primitif des *Filles du feu*; le bonheur perdu qui préside à *Sylvie*, *Octavie* ou *Aurélia* se trouve condensé dans ces lignes des *Promenades et Souvenirs* : « Ô douleurs et regrets de mes jeunes amours perdues! que vos souvenirs sont cruels! [...] Héloïse est mariée aujourd'hui; Franchette, Sylvie et Adrienne sont à jamais perdues pour moi. »

Se souvenir du passé, c'est constater son vieillissement, c'est se sentir s'éteindre et se dessécher, continuer sa route vers un état de stérilité toujours grandissant. D'où la lutte de Gérard pour retenir ce passé qui resurgit — pour provoquer parfois sa résurrection —, mais surtout pour fondre tous les aspects de sa conscience en une unité toujours plus proche des origines, pour atteindre l'« éternelle jeunesse ».

LE TEMPS DANS « SYLVIE » : STRUCTURE DU RÉCIT

« Je ne demande pas à Dieu de rien changer aux événements, mais de me changer relativement aux choses. »

Tel est le projet que formule Nerval dans *Paradoxe et Vérité*, l'ambition de son œuvre littéraire. Préserver les événements en les reconstruisant, « diriger son rêve éternel au lieu de le subir ». « Rêve, écrit-il. Oui, car dans nos songes jamais nous n'avons l'idée du temps. » Ainsi Gérard peut-il s'affranchir du temps (abolition ou conscience forcenée de sa présence?) pour atteindre le vrai absolu.

Par le rêve, Gérard joue, dans *Sylvie*, avec le temps comme avec des cartes. L'agencement des divers épisodes et des diverses époques constitue une symphonie d'images dont l'ensemble seul a un sens : des thèmes peuvent revenir ; isolés, ils ne forment qu'un écho, mais, pris dans l'ensemble du récit, ils constituent de magnifiques motifs autour desquels se déroule la musique nervalienne.

Le récit s'ouvre sur le passé (« Je sortais... ») et ne s'intégrera au présent qu'en deux occasions. La première fois d'une manière détournée, lorsque, au chapitre VII, le narrateur laissera comme échapper une remarque : « En me retraçant ces détails, j'en suis à me demander s'ils sont réels, ou bien si je les ai rêvés. » Il s'agit là d'une brève parenthèse au présent, car aussitôt le récit reprend au passé. Une seconde fois, le récit prend la marque du présent quand, à l'ultime chapitre, Gérard, au terme de sa quête, reprend pied dans le monde de l'« expérience ». Ces deux moments présents du récit constituent un plan zéro à partir duquel les chapitres vont se télescoper dans le passé.

Le premier plan que nous rencontrons — appelons-le le plan 1 — est donc celui du soupirant. Malgré l'imprécision volontaire, il est facile de retrouver la date correspondante dans la biographie de Nerval. Ce plan est en quelque sorte un présent dans le passé, un tremplin qui permet au récit de rebondir vers diverses époques.

Cette première époque, nous l'entrevoyons à la fin du premier chapitre, grâce au mécanisme de la mémoire involontaire. En fait, ce nouveau plan du récit, que nous appellerons le plan 3, constitue la presque totalité du chapitre II : il s'agit de l'enfance de Gérard dans le Valois. Ainsi, en deux chapitres, nous sont présentées les trois figures féminines du récit : l'actrice, la paysanne et la religieuse.

Avec le chapitre III, le narrateur revient au plan 1, mais surtout il oriente vers une nouvelle forme d'esthétique son récit : au télescopage et à la juxtaposition des moments et des êtres s'ajoute la superposition : « Cet amour [...] avait son germe dans le souvenir... » et surtout dans cette admirable phrase (lignes 7-11) : « La ressemblance d'une figure oubliée depuis des années se dessinait désormais avec une netteté singulière ; c'était un crayon estompé par le temps qui se faisait peinture, comme ces vieux croquis de maîtres admirés dans un musée, dont on retrouve ailleurs l'original éblouissant. »

Loin d'être un simple artifice littéraire qui permet à l'auteur de faire un joint entre les plans de son récit, la juxtaposition est l'élément autour duquel se concentre l'esprit de Nerval.

La fin de ce chapitre — « Pendant que la voiture monte les côtes, recomposons les souvenirs du temps où j'y venais si souvent » — marque le passage à un nouveau plan du récit, mais surtout, ainsi que l'a excellemment écrit Raymond Jean, *Sylvie* « cesse d'être une œuvre purement littéraire pour devenir une œuvre de vie[5] ».

---

5. Raymond Jean, *op. cit.*, page 70.

Les quatre chapitres suivants (IV à VII), enclos dans la promenade en voiture, correspondent au plan 2, qui est celui de l'adolescence de Gérard : ils se déroulent « quelques années après » la ronde devant le château. A travers les différents tableaux que nous trace le narrateur, nous rencontrons beaucoup de thèmes qui lui sont chers et que nous étudierons plus loin : le voyage, le déguisement, le mariage, le rêve et la réalité, les lieux chargés de souvenirs. Après avoir retrouvé la voiture que nous avions abandonnée à la fin du chapitre III, nous reprenons pied au chapitre VIII dans le plan 1. Jusqu'à la fin de la nouvelle — exception faite du *Dernier Feuillet* —, l'auteur va s'efforcer de faire coïncider les souvenirs d'hier avec la réalité d'aujourd'hui (c'est à ce moment-là que nous comprenons que le véritable présent du récit est en fait le plan 1, le plan zéro n'étant qu'un pur présent de convention) : tout, jusque dans les moindres détails — peut-être est-ce pour cela que Proust trouvait qu'il « y avait trop d'intelligence dans sa nouvelle » —, révèle les efforts pour fondre les époques. Parallèlement à cette tentative se marque le travail du temps qui, tel une taupe, a miné le terrain sur lequel autrefois Gérard et Sylvie vivaient leurs « chimères » : la vieille tante est morte (chap. X, ligne 25), la chambre de Sylvie ne l'intéresse plus (chap. X, lignes 6-14), Sylvie elle-même n'a plus le charme d'autrefois (elle « phrase » ; plus question des jeux naïfs de jadis, car il lui « faut songer au solide » ...).

Dernière tentative avant de retourner au plan zéro, le chapitre XIII fournit au narrateur la révélation qu'il attendait depuis le début : « Ce n'était donc pas l'amour » (ligne 96). « Cette parole » qui « fut un éclair » a pour lui la même signification que les pavés du *Temps retrouvé* en auront pour Proust : la fin de l'histoire correspond au début de l'œuvre littéraire, lui donne sa signification et sa valeur exemplaire.

LE RÊVE

« Cette histoire que vous appelez de la peinture naïve, c'est le rêve d'un rêve, rappelez-vous », note Marcel Proust dans son *Contre Sainte-Beuve*. Et, de fait, *Sylvie* est baignée de cette atmosphère floue qui estompe les contours, modifie les rapports réels entre le narrateur et ce qui l'entoure.

● Le rêve dans la pensée de Nerval.

Il faut citer ici un texte essentiel appartenant aux premières pages d'*Aurélia* : « Le rêve est une seconde vie. [...] Les premiers instants du sommeil sont l'image de la mort; un engourdissement nébuleux saisit notre pensée, et nous ne pouvons déterminer l'instant précis où le moi, sous une autre forme, continue l'œuvre de l'existence. [...] Plus de mort, plus de tristesse, plus d'inquiétude. Ceux que j'aimais, parents, amis, me donnaient des signes certains de leur existence éternelle, et je n'étais plus séparé d'eux que par les heures du jour. J'attendais celles de la nuit dans une douce mélancolie. »

Ces lignes, qui définissent la source du bonheur nervalien, posent en même temps le problème central de son aventure : les heures de la nuit ainsi présentées s'opposent à celles du jour, comme la vie s'oppose au rêve, comme cette « vie nouvelle » s'oppose au monde.

Le sommeil n'a jamais été pour Gérard un « repos » ; mais le moment de bascule de la conscience prend pour lui le caractère d'une délivrance qui lui permet d'accéder à une « vie nouvelle [...] affranchie des conditions du temps et de l'espace ». Une grande partie de son expérience littéraire aura pour but de retracer ce pèlerinage onirique, de nous faire assister à « l'épanchement du songe dans la vie réelle ». Admirable formule qui, au-delà des mots, nous donne la clef de l'expérience nervalienne : il y a le rêve d'une part, de l'autre le monde solide et, entre ces deux paliers, « la minute qui semble éternelle ». Entre ces deux mondes, le réel et l'illusoire, le fantastique et le positif, le conflit est résolu par une rencontre. C'est donc ces divers moments qu'il nous convient d'étudier maintenant pour mieux pénétrer l'univers secret de Gérard.

« La minute de rêve... »

À côté de tous les moments négatifs de l'expérience de Nerval, il est un moment de bonheur qui « concentre un siècle d'action dans une minute de rêve ». C'est la minute par laquelle il est possible d'accéder au royaume que nous voilent l'espace et le temps, qui permet au *moi* de refaire son unité, au-delà des contingences : « Du moment que j'avais cru saisir la série de toutes mes existences antérieures, il ne m'en coûtait pas plus d'avoir été prince, roi, mage, génie et même Dieu, la chaîne était brisée et marquait les heures pour les minutes. » (« À Alexandre Dumas », v. p. 33.)

Expérience extrêmement importante, qui permet de saisir une des idées chères à la littérature nervalienne : l'analogie des époques. L'univers jailli de cette minute de rêve est le plus fabuleux âge d'or que Gérard puisse opposer au monde du déclin des forces et de la scission. À son esprit recherchant l'ordre et l'unité (n'écrit-il pas au chapitre XIII : « Qu'allais-je y faire ? essayer de remettre de l'ordre dans mes sentiments. »), cette minute apporte le « moi éternel » qui lui permet, ainsi que Dieu, de crier : « J'ai fait ma Genèse ! » (*L'Alchimiste.*)

« La demi-somnolence. »

Pour Gérard, traducteur du *Faust*, il est bien évident que la vie offre des moments d'interpénétration dans lesquels fusionnent l'idéal et le réel. Nous en avons l'exemple dans *Sylvie* avec le début du chapitre II. Cette expérience du sommeil naissant, ce flottement de l'esprit pendant lequel le *moi* tente de se saisir dans son originalité (au sens étymologique du terme), de même que la fusion du souvenir et de la réalité engendre « un de ces rapports étranges qu'il est plus aisé d'indiquer que de définir ».

La plus belle scène de ce règne de l'entre-deux, comme l'appelle Kurt Schärer[6], se trouve dans le *Voyage en Orient*, au chapitre intitulé « Les

---

6. Kurt Schärer, *Thématique de Nerval* (Paris, Minard, 1968).

femmes du Caire ». Encore une fois dans un état de demi-somnolence, Gérard entend de son lit une mélodie qui est le point de départ d'une scène qu'il imagine aussitôt : « Il me semblait qu'on me portait en terre d'une manière à la fois grave et burlesque, avec des chantres de paroisse et des buveurs couronnés de pampre ; une sorte de gaieté patriarcale et de tristesse mythologique mélangeait ses impressions dans cet étrange concert, où de lamentables chants d'église formaient un air bouffon propre à marquer les pas d'une danse de corybantes. »

Nous retrouvons ici plusieurs éléments chers au poète (le pampre, la danse, l'aspect patriarcal de la scène...) que le rêve mélangeait harmonieusement. Se levant alors « tout engourdi encore », il s'aperçoit que les éléments de sa rêverie appartiennent à « un spectacle tout matériel » qui, loin d'être un enterrement, se révèle être un mariage. « Cependant ce que j'avais cru rêver se réalisait en partie », note-t-il alors pour marquer la concordance du rêve avec la réalité. Intégration du *moi* à tout ce qui l'entoure, le demi-sommeil est aussi caractérisé par cet état d'esprit confus qui fait subir aux sens diverses transformations qui lui permettent de s'assimiler toute la nature.

LE SOUVENIR ET SES DIVERS THÈMES

Point de départ de la pensée de Gérard, la prise de conscience repose sur le souvenir. Elle commence avec l'apparition dans la grisaille monotone de la vie quotidienne d'un souvenir qui vient raviver les années écoulées. Alors, « tout ce qu'il fallait oublier revient gronder à nos oreilles » (*À Jenny Colon*). Mais ce réveil des choses n'est pas sans tristesse ni sans danger, car il risque de prolonger la division de l'être qui se sent morcelé entre le *moi* présent et le *moi* d'autrefois. Mais de même que pour Proust il y a des gens, sortes d'élus, qui savent transformer les sensations, les charger de signification, de même pour Nerval cette reviviscence que fournit la mémoire sera d'emblée le départ d'un homme nouveau, heureux, qui, en quête de la « figure oubliée » (p. 51, ligne 7), fusionnera la réalité d'aujourd'hui avec le souvenir d'autrefois. Le souvenir sera donc le catalyseur des différents *moi* pour atteindre l'unité originelle et originale.

Si Gérard a passé une bonne partie de sa vie à « revoir des personnes et des lieux chers à son souvenir » (*Léo Burckart*), c'est qu'il a cherché à forcer le mécanisme du souvenir pour guérir son esprit et son cœur malades.

Le plus merveilleux exemple de résurrection du passé nous est fourni par la fin du premier chapitre de *Sylvie* (v. p. 118) : l'impulsion est donnée par une simple phrase de journal qui, aussitôt, fait jaillir des souvenirs qui se recomposent en tableaux d'une époque passée. Submergé par les appels multiples du passé, le *moi*, qui se sentait vieilli et appauvri, sent renaître en lui une gamme des sentiments d'autrefois. C'est un véritable bain de jouvence que sent alors Gérard : « Je me sens plus jeune, en effet je le suis, je n'ai que vingt ans ! » note-t-il dans son *Voyage en Orient*.

Ainsi, la résurrection du passé se complète d'un rajeunissement, double aspect d'un événement unique qui permet au *moi* nervalien de surgir de la réalité qui l'enferme, morcelé et rompu, pour se saisir au-delà du temps dans une unité sans faille.

Si tous les souvenirs peuvent engendrer cette renaissance, il y en a quelques-uns qui reviennent comme des leitmotive dans les écrits de Nerval et que nous avons rencontrés dans *Sylvie*. Ce sont ces souvenirs, que Gérard qualifie de « fidèles », que nous allons maintenant étudier.

Les romances et les chansons.

Cette fidélité à la romance dont « son enfance fut bercée » *(Faust)*, comment mieux la constater qu'en remarquant la fréquence de son apparition dans l'œuvre de Gérard : de ses premiers essais à *Aurélia*, dans sa prose comme dans ses poésies, toujours revient ce « souvenir tout plein de sentiments d'enfance » *(Faust)*.

Plus complexe qu'il n'y paraît à une lecture cursive, ce thème de la romance tire sans doute son importance des nombreux souvenirs sous-jacents qu'il recouvre.

Pour Gérard, il est lié tout d'abord à la ronde (v. le chapitre II, p. 16), scène qu'il n'oubliera jamais et dont il se souviendra jusqu'en Orient (« Vers l'Orient »), évoquant « cette ronde de nos jeunes filles, qui pleurent les bois déserts et les lauriers coupés ».

La romance est ensuite associée à la jeune fille, « oiseau » qui allie, comme son chant, fraîcheur et naïveté :

> Elle a passé la jeune fille
> Vive et preste comme un oiseau ;
> À la main une fleur qui brille,
> À la bouche un refrain nouveau.
>
> *(Une allée du Luxembourg, p. 109.)*

Ce souvenir, se démultipliant, fait surgir derrière la jeune fille **LA FEMME** et l'amour :

> Dans l'extase d'amour je crois encore entendre
> Les notes d'une voix harmonieuse et tendre,
> Qui monte vers le ciel ou s'éteint de langueur,
> Et ressuscite en moi les tendresses du cœur.
>
> *(Le Chariot d'enfant.)*

Mais surtout, ce qui fascine Nerval, c'est, par-delà les chanteurs et les airs, le mode du chanter. Au travers des charmes propres à la jeunesse, il en est un plus troublant et qui, plus que tout, parle au cœur de Gérard : celui de la fidélité à la tradition ; telle est la signification qu'il faut accorder à ces lignes du chapitre II de *Sylvie* : « La mélodie se terminait à chaque stance par ces trilles chevrotants que font valoir si bien les voix jeunes, quand elles imitent par un frisson modulé la voix tremblante des aïeules. »

Plus explicite est ce passage d'*Angélique*, à travers lequel nous retrouvons clairement exprimés tous les aspects que recouvre la romance : « [...] J'étais ému jusqu'aux larmes en reconnaissant, dans ces petites voix, des intonations,

...oulades, des finesses d'accent, autrefois entendues, et qui, des mères ...aux filles, se conservent les mêmes... »

C'est la première fois que nous rencontrons concrètement cette remontée aux sources que laissait prévoir le rêve nervalien ; c'est ce pèlerinage typique que nous allons poursuivre en explorant les autres souvenirs de Gérard. Ainsi, une jeune fille, chantant une romance avec cette intonation qui rappelle ses aïeux, ravive dans le présent une coutume qui se confond avec les origines de l'humanité, car, « avant d'écrire chaque peuple a chanté » (Chansons et légendes du Valois). Pour la durée d'une chanson se fondent deux jeunesses dans l'esprit de Gérard : la sienne et celle de l'humanité. Sans doute est-ce encore là un moyen de s'approprier le monde en faisant sienne la genèse de l'homme, en fondant sa biographie avec l'Histoire.

Conscient de la force quasi magique de ces chansons, Gérard y fera appel pour résoudre des situations particulièrement déchirantes : telle paraît être la signification du chapitre XI, où Sylvie, chantant une vieille romance, redevient pour un instant la Sylvie d'autrefois que Gérard est venu reconnaître et chercher dans le Valois.

Les gravures anciennes.

C'est au départ la même ambiguïté — enfance et vieillesse — qui attire Nerval vers les peintures d'autrefois : « Il y a dans ces figures quelque chose de l'aïeule et quelque chose de l'enfant », écrit-il dans le Marquis de Fayolle.

Dans Sylvie, nous retrouvons plusieurs références à des peintures anciennes ; mais l'analyse la plus intéressante se situe au chapitre VI, chez la tante d'Othys. Nous y voyons clairement exprimée la référence aux deux âges que Gérard essaie de faire fusionner : « Ô jeunesse, ô vieillesse saintes ! — qui donc eût songé à tenir la pureté d'un premier amour dans ce sanctuaire des souvenirs fidèles ? » (Lignes 48-50.)

Suit la description d'un portrait et d'un médaillon qui aiguise le conflit intérieur de Gérard, puisqu'il peut comparer la jeune femme du médaillon avec la réalité en chair et en os : « C'était pourtant la même bonne vieille qui cuisinait en ce moment courbée sur le feu de l'âtre » (lignes 62-63). Que signifie donc cette opposition, sinon que la réalité nous trompe, que ce visage ridé nous masque la vérité profonde qu'il dissimule ? Nous la retrouvons pourtant dans le portrait où nous sommes confrontés avec le visage historique de la tante, celui d'autrefois, celui de l'enfant d'une époque plus proche que Gérard de la jeunesse du monde. L'importance de ces peintures est donc très grande, puisque celles-ci permettent au narrateur de confirmer la vérité profonde qu'il est venu rechercher et que lui masque la réalité quotidienne. Ainsi, pour lui, le souvenir et le tableau ne font qu'un : « l'aïeule est l'enfant du portrait[7] ».

---

7. Kurt Schärer, op. cit., page 64.

Le déguisement et les habits anciens.

Dans presque toutes les scènes par lesquelles le passé revit dans le présent apparaissent les habits anciens, dernière trace d'une époque lointaine et heureuse. Dès le chapitre premier, la résurrection du passé par l'article de journal mêlait dans une atmosphère de joie et de naïveté les chansons et les costumes. Plus loin, au chapitre IV, c'est encore « la gracieuse théorie des jours antiques » que nous retrouvons confrontée à un tableau de Watteau. Un seul défaut, cependant, mais de taille pour Gérard : « Nos costumes modernes dérangeraient seuls l'illusion » (ligne 30).

Mais l'apothéose de ce thème, c'est encore une fois au chapitre VI que nous la trouvons, dans la maison de la vieille tante de Sylvie. Souvenir d'enfance important, puisque Gérard nous en a laissé quatre versions différentes (v. p. 63). Celle de *Sylvie* est certainement la plus belle et la plus parlante. Travestis par les habits anciens, Gérard et Sylvie ressuscitent les noces de la tante et de l'oncle, en même temps qu'ils incarnent le couple des portraits dont nous avons parlé plus haut : grâce à eux revit ce qui n'avait été qu'image et fixation rigide. L'effet du déguisement a bien sûr des résultats opposés sur la tante et sur les jeunes gens. Pour l'aïeule, cette « image de sa jeunesse — cruelle et charmante apparition » se traduit par un rajeunissement effectif, car « elle ne songea plus qu'à se rappeler les fêtes pompeuses de sa noce » (ligne 109). Pour les jeunes, au contraire, il y a comme un vieillissement : « Ah! je vais avoir l'air d'une vieille fée », soupire Sylvie (ligne 71).

Nous constatons que par une scène apparemment banale Gérard réussit une fois de plus à mêler si intimement les époques que le temps paraît n'avoir plus sa signification habituelle : jeune et vieux ne veulent plus rien dire; passé, présent et avenir paraissent confondus en un instant d'intemporalité que Nerval fixe dans une magnifique formule qu'il applique à son héroïne, « fée des légendes éternellement jeune » (ligne 72).

Le château.

Toute l'œuvre de Nerval est parsemée de ces châteaux qui revêtent une signification mythique. Leur présence coïncide toujours avec l'apparition de la femme (dans *Sylvie*, la jeune fille) aimée. Sur ce fond statique, immuablement pareil à lui-même — en brique, aux coins de pierres, dans le soleil couchant —, se découpe plus aisément la silhouette de l'amour, qui, par sa mouvance et sa beauté, prend la forme d'un rêve éveillé. Mais c'est encore pour Gérard un moyen de fondre la jeunesse et l'antique, l'histoire et sa vie. Avant Proust, il avait découvert le secret de la symbiose du paysage et de l'amour : la femme — sa femme — ne se « découpera » pas comme Albertine sur un fond marin, mais sur « ce fameux château » auquel « peu d'entre nous arrivent » *(Petits Châteaux de Bohême)*.

Importance du souvenir dans l'œuvre de Nerval.

Le souvenir est un des pivots de la pensée nervalienne, parce qu'il abolit en un instant l'écart grandissant entre les divers *moi*. Il ressuscite en même toutes sortes de détails enfouis au fond de l'être, qui permettent à Gérard de réunir les fragments épars de sa personne dissociée. De plus, ce phénomène complexe efface chaque fois le doute qui naît de la dissemblance du rêve et de la réalité : comme le souligne Pierre Moreau, « le moment du rêve est celui des résurgences, de la traversée du Léthé; les cloisons qui séparent le passé du présent cessent d'être étanches. Le rêve et la réminiscence communiquent — au sens platonicien du mot *réminiscence*, qui désigne la résurrection ou l'évocation d'un moi perdu[8] ».

LE VOYAGE ET LES LIEUX

Signification du voyage.

Georges Poulet a remarquablement analysé le mécanisme et la signification du voyage dans l'œuvre de Marcel Proust : rendre possible la superposition des lieux et des époques que l'espace et le temps nous empêchent de réaliser. Il s'agit un peu de la même démarche chez Nerval : mais il s'y joint également un côté thérapeutique, comme le souligne fort justement M. Schärer : « La recette de la guérison envisagée par Nerval se résume dans le simple préfixe re-. Pour régénérer ce qui souffre du déclin des forces, on n'a qu'à remonter le cours du temps et à se retremper aux sources originelles[9]. » C'est pourquoi, chez Gérard, il y aura constamment fusion de l'espace et du temps en une dimension unique : chaque voyage aura pour origine un souvenir (significatif est à ce propos le titre d'un de ses ouvrages : *Promenades et souvenirs du Valois*). Voyager, c'est donc pour Nerval refaire un chemin déjà parcouru et dont on se souvient; c'est vérifier que la réalité est pareille à l'idée qu'on s'en est formée : « Il me semblait que j'imprimais les pieds dans la trace de mes pas anciens, j'allais, je me disais : en détournant ce mur, en passant cette porte, je verrai telle chose [...] et la chose était là, ruinée, mais réelle. » *(Lettre à Théophile Gautier.)*

C'est pourquoi les chemins de Gérard seront toujours les mêmes, ceux avec lesquels son esprit sera familiarisé : le Valois, l'Orient et l'Allemagne. Tous trois sont d'ailleurs présents dans *Sylvie* à des degrés divers. Si le Valois forme la toile sur laquelle se déroule la pastorale, l'Allemagne apparaît au chapitre XIII (p. 81) ainsi qu'au cours de nombreux souvenirs concurremment avec l'Orient (voir chapitre premier, page 46).

Ainsi le caractère ambigu du voyage est-il révélateur du projet fondamental de Gérard, « diriger mon rêve éternel au lieu de le subir ». C'est ce que Ross Chambers souligne remarquablement dans sa belle thèse sur la poétique du voyage dans l'œuvre nervalienne : « ... Nous avons affaire à une ambiguïté fondamentale qui trahit chez Nerval l'opération d'une ambition profonde, caractéristique d'ailleurs d'un certain romantisme éternel, et qu'exprime la formule : *changer la vie*. À défaut de pouvoir la fuir, il s'agit de transformer la vie dans le sens de l'idéal[10]. »

---

8. Pierre Moreau, *Sylvie et ses sœurs nervaliennes* (Paris, S. E. D. E. S., 1966), page 52 ; 9. Kurt Schärer, *op. cit.*, page 274 ; 10. Ross Chambers, *op. cit.*

Le mouvement.

Tout d'abord, Gérard voyageur préfère les voitures anciennes au moderne chemin de fer, dont le trajet « à peu près droit » ne permet pas de « s'abandonner à toutes les chances des diligences » *(Voyage en Orient).* C'est là autre chose qu'un simple caprice, car la route égrène pour lui des noms si familiers et si pleins d'un élixir magique de jouvence, que brûler les étapes avec le rail lui ferait plus de mal que de bien.

Mais, à côté de ce chemin détourné, Nerval aime la vitesse. Paradoxe ? non point, mais poursuite du rêve éveillé. À l'espace reconquis par les méandres de la route, la vitesse apporte au voyageur la domination du temps : chaque lieue franchie par la mobilité du véhicule exalte le sentiment du voyageur. D'où l'aspect précipité qu'a le voyage dans *Sylvie* (chapitre III, lignes 50-64), précipitation pleine de joie qui entretient un rêve que le narrateur mêle si intimement à sa route qu'à l'arrêt il « échappe au monde des rêveries ».

Ainsi, dans son mouvement même, le voyage nervalien mêle déjà le rêve et la réalité. C'est cette dernière qu'il va chercher dans les lieux qu'il traverse : mais peut-on parler encore de réalité devant un monde si transformé par la rêverie ?

Le Valois et le souvenir de l'Histoire.

« Ce qui fait le charme, pour moi, des petites villes un peu abandonnées, c'est que j'y retrouve quelque chose du Paris de ma jeunesse. L'aspect des maisons, la forme des boutiques, certains usages, quelques costumes.

« [...] Je vais plus loin encore retrouver mon enfance et le souvenir de mes parents. » *(Promenades et Souvenirs.)*

Cette terre du Valois qui remplit de souvenirs ses rêves, dont il hume à pleins poumons l'atmosphère, qui le revigore (« Je reprends des forces sur cette terre maternelle », avoue-t-il dans *Angélique*), est en fait pour Gérard un véritable objet de culte, culte primitif dans lequel il y a « beaucoup de l'amour maternel » *(Promenades et Souvenirs).* Mais il en est des lieux comme des êtres et des choses : le temps les transforme. Qu'importe ! « L'objet détruit, il reste la place, encore sacrée pour beaucoup d'hommes » *(Quintus Aucler).* C'est donc un Valois multiforme que nous allons rencontrer dans *Sylvie ;* et cependant, sous ces aspects divers, opposés parfois, c'est toujours le même souvenir que recherka Gérard, la même communion avec l' « attachement à la terre » et les générations antérieures.

Châalis, auquel Gérard consacre de longues pages dans son œuvre (voir dans *Sylvie* les chapitres VII et X), est pour lui le symbole parfait de la décadence. S'il en parle, c'est toujours en l'accompagnant d'expressions qui marquent la perte, l'expérience de la souffrance par le temps : « Cette vieille retraite des empereurs n'offre *plus* à l'admiration que les ruines de son cloître [...], reste oublié des fondations pieuses comprises parmi ces domaines qu'on appelait autrefois les métairies de Charlemagne. » (P. 65.)

Devant cette ruine des ruines, Gérard entendra Sylvie chanter un opéra moderne : elle aussi a « souffert du temps ».

Tout autour de Châalis se groupent comme en une symphonie les ruines du Valois : « La butte aux Gens-d'Armes, avec les ruines ébréchées de l'antique résidence... » (p. 22) ; Ermenonville, dont le temple de la Philosophie, qui n'est qu'un « édifice inachevé, n'est déjà plus qu'une ruine » (p. 71). Ainsi le Valois est-il une promenade parmi les ruines, c'est-à-dire une pénétration dans les mondes anciens (tous ces motifs s'enchevêtrent avec mélancolie dans le dernier chapitre, lignes 15-31).

Mais le Valois, c'est aussi plus qu'un champ de ruines : c'est, en résumé, le souvenir et le témoignage vivants de toute l'Histoire. De la préhistoire — « [...] nous ne faisons que répéter [...] une fête druidique, survivant aux monarchies et aux religions nouvelles » (p. 47) — à l'époque récente que rappelle Ermenonville (v. p. 72), en passant par la Renaissance et l'âge classique — « ... et l'on respire un parfum de Renaissance sous les arcs des chapelles [...] » (p. 65) —, c'est une véritable intériorisation de l'Histoire que fait le pèlerin du Valois.

SYLVIE, AURÉLIE, ADRIENNE OU LA FUSION IMPOSSIBLE

« *Sylvie*, c'est l'histoire d'un homme qui se trompe dans sa recherche de l'idéal. Son erreur n'est pas dans l'idéal même ; elle est dans les moyens et dans les voies[11]. »

C'est ainsi qu'il faut lire cette *Fille du feu* pour comprendre comment l'enthousiasme des premiers chapitres se transforme en une désillusion amère et désabusée.

La conception ternaire de l'univers.

Nerval, grand admirateur des religions païennes et primitives, a toujours accepté le monde comme constitué de trois éléments (l'eau, la terre, le feu) qu'il retrouve à l'infini dans ses chimères. Il distingue aussi trois déesses mères : l'une infernale, l'autre terrestre, la dernière céleste. De la même manière, il distingue l'humain de l'infra-humain et du surhumain.

Dès lors, c'est cette triple incarnation divine que Gérard va voir dans les personnages féminins de *Sylvie*. L'actrice Aurélie prend figure de déesse infernale (« [...] les actrices n'étaient pas des femmes, et que la nature avait oublié de leur faire un cœur », p. 45, lignes 34-35). La blonde Adrienne, transfigurée au chapitre II (v. p. 50), représente la déesse céleste, inaccessible à l'individu. Enfin Sylvie, la petite paysanne, incarne la possibilité terrestre du bonheur. Tout au long du récit, le narrateur les fera tourner dans une ronde où elles se pareront tour à tour du rôle des autres.

Les trois héroïnes occupent l'une après l'autre le devant de la scène, s'associent, s'opposent. Sylvie, présente dans onze des quatorze chapitres,

---

11. Georges Poulet, *Trois Essais de mythologie romantique* (Paris, José Corti, 1966), page 10.

tantôt dans le présent du récit (le plan 1), tantôt dans le passé (2 et 3), est le véritable élément d'unité d'une nouvelle fractionnée en tableaux pour mieux calquer les méandres du rêve. C'est en elle qu'il souhaiterait fondre les trois figures féminines tout au long de la quête vers le bonheur.

L'enchantement nocturne de la rêverie.

La première partie de *Sylvie* (chapitres I à VII) raconte l'expérience illusoire de fusion des trois héroïnes. Dès le début, au théâtre, nous est révélé le caractère quasi mystique (c'est-à-dire adoration éloignée) de la femme. C'est, en fait, une illusion (dont le mécanisme nous est dévoilé, p. 46, lignes 64-66) qui est à la racine de cette vision magique : « Vue de près, la femme réelle révoltait notre ingénuité : il fallait qu'elle apparût reine ou déesse, et surtout n'en pas approcher », et plus loin : « Moi ? C'est une image que je poursuis, rien de plus. »

Puis c'est l'envoûtement de Mortefontaine et la première désillusion du retour (p. 49, lignes 28-52), car Gérard a perdu désormais la notion du bonheur originel et bascule vers la réalité à la « double image ». De retour auprès de Sylvie dans des circonstances extrêmement propices à la réalisation de ses désirs, il conservera en lui cette opposition des deux figures et ne pourra prononcer à sa compagne aucune parole d'amour. Certes, peu après, seuls demeurent « les traits rosés de Sylvie », c'est une folle journée qui se déroulera à Othys. Mais au terme de sa route qui le mène à Loisy, Gérard n'a pu que constater que l'enchantement du rêve et la soustraction au temps n'étaient que « chimères ». Son voyage vers un impossible bonheur, voyage destiné à relier présent et passé dans une unité indissoluble, n'aura pu le conduire qu'à un présent où certes le passé survit, « mais à l'état de souvenir ou de vestige ».

La désillusion diurne de la réalité.

Dès le début du chapitre VIII, le ton est donné : l'heure est « mélancolique », les lumières « pâlissent », les tilleuls sont « assombris » et la flûte ne « lutte plus si vivement ». Il se trouve dans un pays inconnu pour ainsi dire (p. 67). Dès ce moment, le narrateur a compris que sa lutte contre le temps était vaine, qu'aucun voyage n'était assez rapide pour que s'accomplît le miracle de la fusion de son rêve et de la réalité. L'échec se marquera d'abord par les précisions temporelles : « Je suis entré au bal de Loisy [...] aux approches du jour » (p. 67, lignes 1-3); plus loin : « Le jour commençait à se faire » (*ibid.*, ligne 18); et enfin : « Il faisait grand jour, mais le temps était sombre » (*ibid.*, lignes 23-24); et l'on pourrait multiplier les exemples. En même temps que le temps, le paysage et les lieux perdent leur caractère envoûtant, laissant peu à peu apparaître au premier plan le rival. D'abord timide et discrète présence : « Un jeune homme se tenait près d'elle » (p. 67, ligne 15), qui se précise le lendemain : « J'avais remarqué déjà que l'amoureux de la veille était assis à sa gauche » (p. 79, lignes 38-39).

Il reste une dernière possibilité de faire coïncider le rêve et la réalité : les lieux. Mais eux aussi ont été atteints par le temps, et Gérard n'y trouvera pas ce qu'il était venu y chercher. Ermenonville est « solitaire et triste » (p. 72, ligne 87), Loisy est hostile et fermé — « c'était au milieu du jour : tout le monde dormait fatigué de la fête » (p. 70, ligne 31), la chambre de Sylvie elle-même n'offre plus « rien du passé » et la vieille tante d'Othys « n'existe plus ». Finalement, le seul lieu qui lui soit agréable et corresponde dans la réalité à son rêve, c'est la chambre de Dammartin (p. 86, lignes 32-40). Habitation idéale, mais qui « n'est pas la bonne », comme le fait remarquer Ross Chambers[12].

Ainsi, « le vrai centre du Valois se dérobe à jamais ; c'est excentriquement, à Dammartin (et non à Loisy), et surtout éphémèrement (puisque ce n'est qu'une chambre d'auberge louée pour la nuit) que la maison de Sylvie se retrouve avec tout son charme perdu ; et Sylvie n'y habite pas » (*ibid.*, p. 280).

La fusion impossible.

C'est donc à Châalis que Sylvie et Gérard vont échanger leurs souvenirs. Tout pourrait encore être réparé si le narrateur ne mettait constamment entre eux la présence obsédante d'Adrienne : « Je menai Sylvie dans la salle même du château où j'avais entendu chanter Adrienne » (p. 76, lignes 34-35).

Mais la petite paysanne ne veut ni ne peut se superposer à la religieuse. Aussi ne reste-t-il plus au narrateur qu'à replonger dans son rêve en tâchant de réaliser ce qu'il n'a pu faire avec Sylvie, auprès de la comédienne. Tout paraît un moment favorable, et l'union avec Aurélie est entrevue : le jeune rival du début n'existe plus, et le régisseur n'a pas encore fait son apparition. Mais, au moment de « toucher du doigt son idéal » (p. 83-84), la superposition d'Aurélie et d'Adrienne (répétition à Orry de la scène de Châalis avec Sylvie) se révèle là encore impossible. « Allez, je ne vous crois plus. Cette parole fut un éclair » (p. 84, ligne 93). Révélation, car Gérard sait maintenant que la fusion d'Aurélie et d'Adrienne, au début du chapitre III, n'existe que dans le rêve et que la réalité conserve bien les trois figures séparées : « Ermenonville [...] tu as perdu ta seule étoile, [...] c'était Adrienne *ou* Sylvie — c'étaient les deux moitiés d'un seul amour. L'une était l'idéal sublime, l'autre la douce réalité » (p. 85, lignes 10-15).

La leçon est facile à tirer : « Celui qui aime en rêve doit se contenter de l'illusion, sous peine de se retrouver incomplet dans la réalité, comme déjà il l'était dans le rêve[13]. »

Sylvie est donc bien une perte et un échec trois fois répétés : renoncement à Sylvie (chapitre VIII), abandon d'Aurélie (chapitre XIII), mort d'Adrienne (chapitre XIV). Maigre consolation : c'est le frère de lait de Gérard — son double — qui épousera Sylvie. Le seul qui réussisse la fusion totale, c'est

---

12. Ross Chambers, *op. cit.*, page 263 ; 13. Ross Chambers, *op. cit.*, page 261.

le narrateur, parvenant par l'écriture à réduire au même plan passé et présent, rêve et réalité.

LE POÈTE

Arrivé à ce point final de l'expérience de Gérard de Nerval, il faut se demander comment le narrateur a pu tenter de traduire par la littérature ce que la vie lui refusait : fondre le rêve et la réalité.

La transcription du réel.

Ce goût de la réalité que Gérard composant *Sylvie* va chercher dans la terre même du Valois, comment se manifeste-t-il au niveau de l'écriture ?

Tout d'abord, c'est le procédé d'opposition qui permet d'attirer l'attention sur un détail précis en faisant ressortir les couleurs les unes par rapport aux autres. C'est, dans *Sylvie*, le château « qui se teignait des rougeurs du soir *sur* le vert sombre de la forêt (p. 75, ligne 5) ou, dans *Angélique*, « les eaux qui miroitent *à travers* les grands arbres roux, les pins et les chênes verts ».

Pas d'effet marqué, donc, mais des prépositions qui, si l'on y prête attention, donnent au paysage la profondeur et le relief de la réalité.

Dans la même gamme discrète, nous trouvons le détail rustique, revenant à chaque occasion pour caractériser la province où se déroule le conte. C'est l'image de la « vigne » et du « rosier » rencontrée tout au long de *Sylvie* : « Vingt chaumières dont la vigne et les roses grimpantes festonnent les murs » (p. 58, ligne 42), « [...] sa fenêtre où le pampre s'enlace au rosier » (p. 51, ligne 19), la maison de la tante aussi, avec « des treillages de houblon et de vigne vierge » (p. 61, lignes 11-13).

Le réalisme, c'est parfois le détail grossier, rugueux, qui semble faire tache dans cette étoffe de rêve : ainsi le ridicule surnom de « Lolotte » (p. 86), dont Gérard affuble Sylvie maintenant mère de famille. C'est l'intrusion de la conception « gauloise » de l'amour du père Dodu (p. 79, lignes 25-34). C'est l'attention portée sur des scènes rapidement mais méticuleusement décrites alors qu'on ne s'y attend pas : « Une jatte en porcelaine de Creil, pleine de lait où nageaient les fraises, devint le centre du service, et après avoir dépouillé le jardin de quelques poignées de cerises et de groseilles, elle disposa deux vases de fleurs aux deux bouts de la nappe » (p. 61, lignes 28-32).

Tous ces moyens correspondent pour le narrateur à un désir évident : « reprendre pied sur le réel » (p. 51). Effort désespéré de l'envoûté qui n'a qu'un mot — si chargé de joie et de douleur pour lui : « Et Sylvie [...]. Elle existe, elle » *(ibid.)*. Rien ne paraît plus représentatif de cette lutte que les réveils qui mettent brutalement Gérard, à peine sorti du rêve, au contact de la réalité : « Le jour en grandissant chassa de ma pensée ce vain souvenir et n'y laissa que les traits rosés de Sylvie » (p. 58, ligne 39, et p. 67, ligne 4).

Rude opposition du jour et de la nuit, qui rappelle celle que nous avons étudiée plus haut, mais aussi montre que le réel n'est là que comme un bélier qui s'efforce d'enfoncer les portes du rêve.

Les « portes sombres ouvertes sur le néant » (les Illuminés).

Nous avons vu que pour Gérard le rêve était une communication avec le monde des esprits. Son expérience du « demi-sommeil » l'a conduit à transcrire ces visions en transmettant à sa prose le caractère de perméabilité qu'il ressentait dans l'onirisme.

L'éclairage joue un grand rôle dans le rêve : sans parler des différents moments du jour, certains « jeux de lumière » transposent dans le récit l'atmosphère diaphane de la rêverie : « Les lumières pâlissent et tremblent aux approches du jour. Les tilleuls, assombris par le bas, prenaient à leur cime une teinte bleuâtre » (p. 67, lignes 2-4).

Effet proche de ces éclairages savants dont use le cinéma pour distordre la réalité en vue de créer une « atmosphère ».

Autre transformation, celle des volumes et des formes. D'où son insistance à ne décrire les choses que comme dans un miroir, à ne saisir que le reflet pour oublier l'objet : c'est le « manoir de Pontarmé, entouré d'eau comme autrefois, qui refléta bientôt les premiers feux du jour » (p. 58, lignes 27-28) ou la possibilité d' « admirer en rêvant à deux les reflets du ciel sur les ombrages et les eaux ».

Gérard aime donc à déformer, à estomper les contours des choses pour les rendre plus irréels : aussi préfère-t-il le monde dans un ondoyant reflet ou derrière une brume vaporeuse (la brume n'est-elle pas le reflet de l'air ?) qui fantomatise le paysage : « La pelouse était couverte de faibles vapeurs condensées, qui déroulaient leurs blancs flocons sur les pointes des herbes » (p. 50, lignes 42-44).

Même procédé de « fondu » dans la description du mouvement : tout paraît flotter sur un coussin, les gestes semblent délivrer de la pesanteur, telle « Adrienne, [...] fantôme rose et blond glissant sur l'herbe » (p. 51, lignes 5-7).

Ainsi, à une poétique de la réalité correspond une poétique du rêve : de même que nous avons vu Gérard s'efforcer de concrétiser, de donner forme à la réalité, de même nous le voyons effacer, gommer l'apparence pour ne conserver que l'esprit. Il reste à voir comment peut s'effectuer littérairement le glissement de l'une à l'autre, comment se réalise l' « épanchement ».

Une poésie de fusion.

Dès lors que le rêve a montré à Gérard qu'il n'y avait pas de cloisons étanches entre le réel et le rêve, son écriture va avoir pour centre d'intérêt la réalisation de l'envahissement de l'un par l'autre.

Nous avons signalé comment une scène de *Sylvie*, que l'on retrouvait déjà dans *Angélique*, avait pu être transfigurée par le rêve. Nous pouvons, avec encore plus d'intérêt, étudier au sein même de *Sylvie* comment Gérard franchit, degré par degré, les frontières de la spiritualisation. Par trois fois nous trouvons dans la nouvelle une description de la Thève ; et aucun de ces trois spectacles n'offre le même caractère. Nous les rapprochons ici de façon à mieux sentir les effets de mise en scène.

I

La Thève bruissait de nouveau parmi les grès et les cailloux, s'amincissant au voisinage de sa source où elle repose dans les prés, formant un petit lac au milieu des glaïeuls et des iris.

(Chap. VI, lignes 7-10.)

II

La Thève bruissait à notre gauche, laissant à ses coudes des remous d'eau stagnante où s'épanouissaient les nénuphars, où éclatait comme des pâquerettes la fraîche broderie des étoiles d'eau.

(Chap. VIII, lignes 23-26.)

III

La tour de Gabrielle se reflète au loin sur les eaux d'un lac factice étoilé de fleurs éphémères ; l'écume bouillonne, l'insecte bruit [...].

(Chap. IX, lignes 82-84.)

Les trois moments sont différents : ici il s'agit du matin (I) ; là, s'il fait « grand jour », le temps est « sombre » (II) ; enfin, c'est « un beau temps d'été » qui baigne « l'air perfide » (III). Mais de l'un à l'autre nous progressons vers le domaine de l'irréel, où tout se confond ; la précision devient moins nette : le « petit lac » si bien tracé (I) n'est plus que « remous d'eau stagnante » (II) avant de redevenir un lac..., mais « factice » (III). Les fleurs, si individualisées à l'origine, se transforment en des dentelles qui font songer aux fleurs (admirons encore une fois la sobriété de l'évocation contenue dans une seule conjonction « comme »), que la dernière vision feutre.

Cette infiltration du rêve dans le paysage est donc une altération progressive de celui-ci, parallèle à l'échec de la quête du narrateur. Ce n'est pas un placage fallacieux du rêve sur l'expérience, mais la transcription d'une désagrégation intérieure que fait plus cruellement encore ressentir l'extérieur.

Le château de la Reine-Blanche (XIXᵉ siècle) aux étangs de Commelles,
à quelques kilomètres de Chantilly.

PRÉFACE AUX « FILLES DU FEU »

À ALEXANDRE DUMAS

Je vous dédie ce livre, mon cher maître, comme j'ai dédié *Lorely* à Jules Janin. J'avais à le remercier au même titre que vous. Il y a quelques années, on m'avait cru mort et il avait écrit ma biographie[14]. Il y a quelques jours, on m'a cru fou, et vous avez consacré quelques-unes de vos lignes des plus charmantes à l'épitaphe de mon esprit[15]. Voilà bien de la gloire qui m'est échue en avancement d'hoirie[16]. Comment oser, de mon vivant, porter au front ces brillantes couronnes ? Je dois afficher un air modeste et prier le public de rabattre beaucoup de tant d'éloges accordés à mes cendres, ou au vague contenu de cette bouteille que je suis allé chercher dans la lune à l'imitation d'Astolfe[17], et que j'ai fait rentrer, j'espère, au siège habituel de la pensée.

Or, maintenant que je ne suis plus sur l'hippogriffe[18] et qu'aux yeux des mortels j'ai recouvré ce qu'on appelle vulgairement la raison, — raisonnons.

Voici un fragment de ce que vous écriviez sur moi le 10 décembre dernier :

« C'est un esprit charmant et distingué, comme vous avez pu en juger, — chez lequel, de temps en temps, un certain phénomène se produit, qui, par bonheur, nous l'espérons, n'est sérieusement inquiétant, ni pour lui, ni pour ses amis ; — de temps en temps, lorsqu'un travail quelconque l'a fort préoccupé, l'imagination, cette folle du logis, en chasse momentanément la raison, qui n'en est que la maîtresse ; alors la première reste seule, toute-puissante, dans ce cerveau nourri de rêves et d'hallucinations ni plus ni moins qu'un fumeur d'opium du Caire, ou qu'un mangeur de haschisch d'Alger, et alors la vaga-

---

14. Le 1er mars 1841, Jules Janin avait publié un article au *Journal des débats*, auquel Gérard avait effectivement répondu dans la préface de *Lorely* : « On m'avait cru mort de ce naufrage et l'amitié d'abord inquiète m'a conféré d'avance des honneurs que je ne me rappelle qu'en rougissant » ; 15. Ces lignes furent publiées dans *le Mousquetaire* du 10 décembre 1853 en même temps que le sonnet « El Desdichado » ; 16. *Hoirie* : héritage par succession directe ; 17. *Astolfe* : personnage du *Roland furieux* du poète italien l'Arioste (1474-1533), parti sur la lune à la recherche de la raison perdue de Roland ; 18. *Hippogriffe* : monstre fabuleux ailé, mi-griffon, mi-cheval (d'où son nom), célébré dans son poème par l'Arioste, qui s'en servit pour conduire son héros sur la lune.

bonde qu'elle est, le jette dans les théories impossibles, dans les
30 livres infaisables[19]. Tantôt il est le roi d'Orient Salomon, il a
retrouvé le sceau qui évoque les esprits, il attend la reine de
Saba, et alors, croyez-le bien, il n'est conte de fées, ou des *Mille
et Une Nuits*, qui vaille ce qu'il raconte à ses amis, qui ne
savent s'ils doivent le plaindre ou l'envier, de l'agilité et de la
35 puissance de ces esprits, de la beauté et de la richesse de cette
reine; tantôt il est sultan de Crimée, comte d'Abyssinie, duc
d'Égypte, baron de Smyrne. Un autre jour il se croit fou, et il
raconte comment il l'est devenu, et avec un si joyeux entrain,
en passant par des péripéties si amusantes, que chacun désire
40 le devenir pour suivre ce guide entraînant dans le pays des
chimères et des hallucinations, plein d'oasis plus fraîches et
plus ombreuses que celles qui s'élèvent sur la route brûlée
d'Alexandrie à Ammon; tantôt, enfin, c'est la mélancolie qui
devient sa muse, et alors retenez vos larmes si vous pouvez, car
45 jamais Werther, jamais René, jamais Antony[20] n'ont eu plaintes
plus poignantes, sanglots plus douloureux, paroles plus tendres,
cris plus poétiques!... »

Je vais essayer de vous expliquer, mon cher Dumas, le phénomène dont vous avez parlé plus haut. Il est, vous le savez,
50 certains conteurs qui ne peuvent inventer sans s'identifier aux
personnages de leur imagination. Vous savez avec quelle
conviction notre vieil ami Nodier racontait comment il avait eu
le malheur d'être guillotiné à l'époque de la Révolution; on en
devenait tellement persuadé que l'on se demandait comment
55 il était parvenu à se faire recoller la tête...

Eh bien, comprenez-vous que l'entraînement d'un récit puisse
produire un effet semblable; que l'on arrive pour ainsi dire
à s'incarner dans le héros de son imagination, si bien que sa vie
devienne la vôtre et qu'on brûle des flammes factices de ses
60 ambitions et de ses amours! C'est pourtant ce qui m'est arrivé
en entreprenant l'histoire d'un personnage qui a figuré, je crois
bien, vers l'époque de Louis XV, sous le pseudonyme de Bri-

---

19. Allusion au *Voyage en Orient*, paru en 1851. Gérard saute ici un passage de l'article de Dumas, sans doute parce qu'il contient certains mots désa-
gréables à son esprit : « Alors, notre pauvre Gérard, pour les hommes de
science, est un malade, et il a besoin de traitement, tandis que pour nous il
est simplement plus conteur, plus rêveur, plus spirituel, plus gai ou plus
triste que jamais »; 20. Trois des plus célèbres personnages romantiques :
Werther, héros du roman de Goethe; René, porte-parole de Chateaubriand,
et Antony, le fougueux amant de la pièce d'A. Dumas.

sacier[21]. Où ai-je lu la biographie fatale de cet aventurier ? J'ai
retrouvé celle de l'abbé de Bucquoy ; mais je me sens bien
65 incapable de renouer la moindre preuve historique à l'existence
de cet illustre inconnu ! Ce qui n'eût été qu'un jeu pour vous,
maître, — qui avez su si bien vous jouer avec nos chroniques
et nos mémoires, que la postérité ne saura plus démêler le vrai
du faux, et chargera de vos inventions tous les personnages
70 historiques que vous avez appelés à figurer dans vos romans, —
était devenu pour moi une obsession, un vertige. Inventer, au
fond, c'est se ressouvenir, a dit un moraliste ; ne pouvant trouver
les preuves de l'existence matérielle de mon héros, j'ai cru tout
à coup à la transmigration des âmes non moins fermement que
75 Pythagore ou Pierre Leroux[22]. Le dix-huitième siècle même,
où je m'imaginais avoir vécu, était plein de ces illusions. Voise-
non, Moncrif et Crébillon fils[23] en ont écrit mille aventures.
Rappelez-vous ce courtisan qui se souvenait d'avoir été sopha ;
sur quoi Schahabaham s'écrie avec enthousiasme : Quoi ! vous
80 avez été sopha ! mais c'est fort galant... Et, dites-moi, étiez-vous
brodé ?

Moi, je m'étais brodé sur toutes les coutures. — Du moment
que j'avais cru saisir la série de toutes mes existences antérieures, il ne m'en coûtait pas plus d'avoir été prince, roi, mage,
85 génie et même Dieu, la chaîne était brisée et marquait les heures
pour des minutes. Ce serait le Songe de Scipion, la Vision du
Tasse ou *la Divine Comédie* du Dante, si j'étais parvenu à
concentrer mes souvenirs en un chef-d'œuvre. Renonçant désormais à la renommée d'inspiré, d'illuminé ou de prophète, je
90 n'ai à vous offrir que ce que vous appelez si justement des théories impossibles, un *livre infaisable*, dont voici le premier chapitre, qui semble faire suite au *Roman comique* de Scarron[24]...
Jugez-en :

Me voici encore dans ma prison, madame ; toujours impru-
95 dent, toujours coupable à ce qu'il semble, et toujours confiant,

---

21. Nerval avait publié une nouvelle — *le Roman tragique* — dans *l'Artiste*
du 10 mars 1844. C'est ce texte, dont la source remonte probablement aux
Mémoires de l'abbé Choisy, que Gérard reprend, quelque peu modifié, ici ;
22. Pierre Leroux avait édité en 1848 une *Doctrine de l'humanité*, dans
laquelle Nerval voyait « une âme qui se perfectionne par une succession de
réapparitions dans le monde terrestre » ; 23. Écrivains français du XVIIIe siècle,
auteurs de récits galants et fabuleux. Le dernier, Claude Crébillon (1707-1777),
écrivit *le Sopha*, récit licencieux derrière lequel se cache une satire acerbe des
mœurs et de la société occidentales ; 24. *Le Roman comique* est un récit fort
lâche resté inachevé, dont Nerval cite plusieurs personnages dans la suite de
cette dédicace.

hélas! dans cette belle *étoile* de comédie, qui a bien voulu m'appeler un instant son destin. L'Etoile et le Destin : quel couple aimable dans le roman du poète Scarron[25]! mais qu'il est difficile de jouer convenablement ces deux rôles aujourd'hui. La
100 lourde charrette qui nous cahotait jadis sur l'inégal pavé du Mans a été remplacée par des carrosses, par des chaises de poste et autres inventions nouvelles. Où sont les aventures, désormais? où est la charmante misère qui nous faisait vos égaux et vos camarades, mesdames les comédiennes, nous les
105 pauvre poètes toujours et les poètes pauvres bien souvent? Vous nous avez trahis, reniés! et vous vous plaigniez de notre orgueil! Vous avez commencé par suivre de riches seigneurs, chamarrés, galants et hardis, et vous nous avez abandonnés dans quelque misérable auberge pour payer la dépense de vos folles orgies.
110 Ainsi, moi, le brillant comédien naguère, le prince ignoré, l'amant mystérieux, le déshérité, le banni de liesse, le beau ténébreux, adoré des marquises comme des présidentes, moi, le favori bien indigne de madame Bouvillon, je n'ai pas été mieux traité que ce pauvre Ragotin[26], un poétereau de province, un
115 robin!... Ma bonne mine, défigurée d'un vaste emplâtre, n'a servi même qu'à me perdre plus sûrement. L'hôte, séduit par les discours de La Rancune[27], a bien voulu se contenter de tenir en gage le propre fils du grand khan de Crimée envoyé ici pour faire ses études, et avantageusement connu dans toute l'Europe
120 chrétienne sous le pseudonyme de Brisacier. Encore si ce misérable, si cet intrigant suranné m'eût laissé quelques vieux louis, quelques carolus, ou même une pauvre montre entourée de faux brillants, j'eusse pu sans doute imposer le respect à mes accusateurs et éviter la triste péripétie d'une aussi sotte combi-
125 naison. Bien mieux, vous ne m'aviez laissé pour tout costume qu'une méchante souquenille puce, un justaucorps rayé de noir et de bleu, et des chausses d'une conservation équivoque. Si bien qu'en soulevant ma valise après votre départ l'aubergiste inquiet a soupçonné une partie de la triste vérité, et m'est venu dire
130 tout net que j'étais *un prince de contrebande*. A ces mots, j'ai voulu sauter sur mon épée, mais La Rancune l'avait enlevée, prétextant qu'il fallait m'empêcher de m'en percer le cœur sous

---

25. *Étoile* et *Destin* sont les noms des deux personnages du récit de Scarron ; mais si l'on se réfère au poème « El Desdichado », il va de soi que le sens de ces deux mots prend sous la plume de Gérard une valeur plus symbolique (voir ce poème) ; **26.** Poète ridicule auquel Scarron donne une apparence grotesque dans son récit ; **27.** Autre héros de Scarron, spécialiste des chants populaires.

les yeux de l'ingrate qui m'avait trahi! Cette dernière supposi-
tion était inutile, ô La Rancune! on ne se perce pas le cœur
135 avec une épée de comédie, on n'imite pas le cuisinier Vatel[28],
on n'essaie pas de parodier les héros de roman, quand on est
un héros de tragédie : et je prends tous nos camarades à témoin
qu'un tel trépas est impossible à mettre en scène un peu noble-
ment. Je sais bien qu'on peut piquer l'épée en terre et se jeter
140 dessus les bras ouverts; mais nous sommes ici dans une chambre
parquetée, où le tapis manque, nonobstant la froide saison. La
fenêtre est d'ailleurs assez ouverte et assez haute sur la rue pour
qu'il soit loisible à tout désespoir tragique de terminer par là
son cours. Mais... mais, je vous l'ai dit mille fois, je suis un
145 comédien qui a de la religion.

Vous souvenez-vous de la façon dont je jouais Achille[29],
quand par hasard, passant dans une ville de troisième où de
quatrième ordre, il nous prenait la fantaisie d'étendre le culte
négligé des anciens tragiques français? J'étais noble et puissant,
150 n'est-ce pas, sous le casque doré aux crins de pourpre, sous la
cuirasse étincelante, et drapé d'un manteau d'azur? Et quelle
pitié c'était alors de voir un père aussi lâche qu'Agamemnon
disputer au prêtre Calchas l'honneur de livrer plus vite au cou-
teau la pauvre Iphigénie en larmes! J'entrais comme la foudre
155 au milieu de cette action forcée et cruelle; je rendais l'espérance
aux mères et le courage aux pauvres filles, sacrifiées toujours
à un devoir, à un Dieu, à la vengeance d'un peuple, à l'honneur
ou au profit d'une famille!... car on comprenait bien partout
que c'était là l'histoire éternelle des mariages humains. Toujours
160 le père livrera sa fille par ambition, et toujours la mère la vendra
avec avidité; mais l'amant ne sera pas toujours cet honnête
Achille, si beau, si bien armé, si galant et si terrible, quoiqu'un
peu rhéteur pour un homme d'épée! Moi, je m'indignais parfois
d'avoir à débiter de si longues tirades dans une cause aussi lim-
165 pide et devant un auditoire aisément convaincu de mon droit.
J'étais tenté de sabrer, pour en finir, toute la cour imbécile du
roi des rois, avec son espalier de figurants endormis! Le public
en eût été charmé; mais il aurait fini par trouver la pièce trop
courte, et par réfléchir qu'il lui faut le temps de voir souffrir
170 une princesse, un amant et une reine; de les voir pleurer, s'em-

---

28. *Vatel :* maître d'hôtel du Grand Condé dont Mme de Sévigné rapporte la
mort tragique : ne voyant pas arriver la marée qu'il attendait pour le dîner du
Roi-Soleil, Vatel se perça avec son épée pour effacer son déshonneur ; 29. Il
s'agit du héros de l'*Iphigénie* de Racine.

porter et répandre un torrent d'injures harmonieuses contre
la vieille autorité du prêtre et du souverain. Tout cela vaut bien
cinq actes et deux heures d'attente, et le public ne se contenterait
pas à moins; il lui faut sa revanche de cet éclat d'une famille
175 unique, pompeusement assise sur le trône de la Grèce, et devant
laquelle Achille lui-même ne peut s'emporter qu'en paroles;
il faut qu'il sache tout ce qu'il y a de misères sous cette pourpre,
et pourtant d'irrésistible majesté! Ces pleurs tombés des plus
beaux yeux du monde sur le sein rayonnant d'Iphigénie
180 n'enivrent pas moins la foule que sa beauté, ses grâces et l'éclat
de son costume royal! Cette voix si douce, qui demande la vie
en rappelant qu'elle n'a pas encore vécu; le doux sourire de
cet œil, qui fait trêve aux larmes pour caresser les faiblesses
d'un père, première agacerie, hélas! qui ne sera pas pour
185 l'amant!... Oh! comme chacun est attentif pour en recueillir
quelque chose! La tuer? elle! qui donc y songe? Grands dieux!
personne peut-être?... Au contraire; chacun s'est dit déjà qu'il
fallait qu'elle mourût pour tous, plutôt que de vivre pour un
seul; chacun a trouvé Achille trop beau, trop grand, trop
190 superbe! Iphigénie sera-t-elle emportée encore par ce vautour
thessalien, comme l'autre, la fille de Léda[30], l'a été naguère
par un prince berger de la voluptueuse côte d'Asie? Là est la
question pour tous les Grecs, et là est aussi la question pour
le public qui nous juge dans ces rôles de héros! Et moi, je me
195 sentais haï des hommes autant qu'admiré des femmes quand je
jouais un de ces rôles d'amant superbe et victorieux. C'est qu'à
la place d'une froide princesse de coulisse, élevée à psalmodier
tristement ces vers immortels, j'avais à défendre, à éblouir, à
conserver une véritable fille de la Grèce, une perle de grâce,
200 d'amour et de pureté, digne en effet d'être disputée par les
hommes aux dieux jaloux! Etait-ce Iphigénie seulement? Non,
c'était Monime, c'était Junie, c'était Bérénice, c'étaient toutes
les héroïnes inspirées par les beaux yeux d'azur de mademoi-
selle Champmeslé[31], ou par les grâces adorables des vierges
205 nobles de Saint-Cyr! Pauvre Aurélie[32]! notre compagne, notre
sœur, n'auras-tu point regret toi-même à ces temps d'ivresse et
d'orgueil? Ne m'as-tu pas aimé un instant, froide Étoile! à force

---

30. *La fille de Léda* : Hélène, dont l'enlèvement par Pâris déclencha la lutte
entre Troie et la Grèce; **31.** *Champmeslé* : interprète favorite de Racine, dont
elle fut la maîtresse; **32.** *Aurélie* : emprunt de Nerval à Hoffmann. Si Nerval
la confond ici avec l'*Étoile*, c'est pour rendre vraisemblable sa propre confusion avec *Brisacier*. De toute évidence, elle représente ici l'actrice Jenny Colon.

de me voir souffrir, combattre ou pleurer pour toi! L'éclat nouveau dont le monde t'environne aujourd'hui prévaudra-t-il sur
210 l'image rayonnante de nos triomphes communs? On se disait
chaque soir : Quelle est donc cette comédienne si au-dessus
de tout ce que nous avons applaudi? Ne nous trompons-nous
pas? Est-elle bien aussi jeune, aussi fraîche, aussi honnête
qu'elle le paraît? Sont-ce de vraies perles et de fines opales qui
215 ruissellent parmi ses blonds cheveux cendrés, et ce voile de
dentelle appartient-il bien légitimement à cette malheureuse
enfant? N'a-t-elle pas honte de ces satins brochés, de ces velours
à gros plis, de ces peluches et de ces hermines? Tout cela est
d'un goût suranné qui accuse des fantaisies au-dessus de son
220 âge. Ainsi parlaient les mères, en admirant toutefois un choix
constant d'atours et d'ornements d'un autre siècle qui leur rap-
pelaient de beaux souvenirs. Les jeunes femmes enviaient, cri-
tiquaient ou admiraient tristement. Mais moi, j'avais besoin
de la voir à toute heure pour ne pas me sentir ébloui près d'elle,
225 et pour pouvoir fixer mes yeux sur les siens autant que le vou-
laient nos rôles. C'est pourquoi celui d'Achille était mon
triomphe; mais que le choix des autres m'avait embarrassé souvent! quel malheur de n'oser changer les situations à mon gré
et sacrifier même les pensées du génie à mon respect et à mon
230 amour! Les Britannicus et les Bajazet, ces amants captifs et
timides, n'étaient pas pour me convenir. La pourpre du jeune
César me séduisait bien davantage! mais quel malheur ensuite
de ne rencontrer à dire que de froides perfidies! Hé quoi! ce
fut là ce Néron, tant célébré de Rome? ce beau lutteur, ce dan-
235 seur, ce poète ardent, dont la seule envie était de plaire à tous?
Voilà donc ce que l'histoire en a fait, et ce que les poètes en
ont rêvé d'après l'histoire! Oh! donnez-moi ses fureurs à rendre,
mais son pouvoir, je craindrais de l'accepter. Néron! je t'ai
compris, hélas! non pas d'après Racine, mais d'après mon cœur
240 déchiré quand j'osais emprunter ton nom! Oui, tu fus un dieu,
toi qui voulais brûler Rome, et qui en avais le droit, peut-être,
puisque Rome t'avait insulté!...

Un sifflet, un sifflet indigne, *sous ses yeux*, près d'elle, à
cause d'elle! Un sifflet qu'elle s'attribue — par ma faute
245 (comprenez bien!). Et vous demanderez ce qu'on fait quand on
tient la foudre!... Oh! tenez, mes amis! J'ai eu un moment l'idée
d'être vrai, d'être grand, de me faire immortel enfin, sur votre
théâtre de planches et de toiles, et dans votre comédie d'ori-
peaux! Au lieu de répondre à l'insulte par une insulte, qui m'a

250 valu le *châtiment* dont je souffre encore, au lieu de provoquer
tout un public vulgaire à se ruer sur les planches et à m'assom-
mer lâchement..., j'ai eu un moment l'idée, l'idée sublime, et
digne de César lui-même, l'idée que cette fois nul n'aurait osé
mettre au-dessous de celle du grand Racine, l'idée auguste enfin
255 de brûler le théâtre et le public, et vous tous! et de l'emporter
seule à travers les flammes, échevelée, à demi nue, selon son
rôle, ou du moins selon le récit classique de Burrhus. Et soyez
sûrs alors que rien n'aurait pu me la ravir, depuis cet instant
jusqu'à l'échafaud! et de là dans l'éternité!

260   Ô remords de mes nuits fiévreuses et de mes jours mouillés
de larmes! Quoi! j'ai pu le faire et ne l'ai pas voulu? Quoi! vous
m'insultez encore, vous qui devez la vie à ma pitié plus qu'à
ma crainte! Les brûler tous, je l'aurais fait! jugez-en : Le
théâtre de P*** n'a qu'une seule sortie; la nôtre donnait bien
265 sur une petite rue de derrière, mais le foyer où vous vous teniez
tous est de l'autre côté de la scène. Moi, je n'avais qu'à détacher
un quinquet pour incendier les toiles, et cela sans danger d'être
surpris, car le surveillant ne pouvait me voir, et j'étais seul à
écouter le fade dialogue de Britannicus et de Junie pour repa-
270 raître ensuite et faire tableau. Je luttai avec moi-même pendant
tout cet intervalle; en rentrant, je roulais dans mes doigts un
gant que j'avais ramassé; j'attendais à me venger plus noble-
ment que César lui-même d'une injure que j'avais sentie avec
tout le cœur d'un César... Eh bien! ces lâches n'osaient recom-
275 mencer! mon œil les foudroyait sans crainte, et j'allais pardonner au public, sinon à Junie, quand elle a osé... Dieux immortels!... tenez, laissez-moi parler comme je veux!... Oui, depuis
cette soirée, ma folie est de me croire un Romain, un empereur;
mon rôle s'est identifié à moi-même, et la tunique de Néron
280 s'est collée à mes membres qu'elle brûle, comme celle du centaure dévorait Hercule expirant. Ne jouons plus avec les choses
saintes, même d'un peuple et d'un âge éteints depuis si longtemps, car il y a peut-être quelque flamme encore sous les
cendres des dieux de Rome![33]... Mes amis! comprenez surtout
285 qu'il ne s'agissait pas pour moi d'une froide traduction de
paroles compassées; mais d'une scène où tout vivait, où trois
cœurs luttaient à chances égales, où, comme au jeu du cirque,
c'était peut-être du vrai sang qui allait couler! Et le public le
savait bien, lui, ce public de petite ville, si bien au courant de

---

33. Voir « Delfica », page 98, vers 11.

290 toutes nos affaires de coulisse ; ces femmes dont plusieurs m'auraient aimé si j'avais voulu trahir mon seul amour ! ces hommes
tous jaloux de moi à cause d'elle ; et l'autre, le Britannicus
bien choisi, le pauvre soupirant confus, qui tremblait devant moi
et devant elle, mais qui devait me vaincre à ce jeu terrible, où
295 le dernier venu a tout l'avantage et toute la gloire... Ah ! le
débutant d'amour savait son métier... mais il n'avait rien à
craindre, car je suis trop juste pour faire un crime à quelqu'un
d'aimer comme moi, et c'est en quoi je m'éloigne du monstre
idéal rêvé par le poète Racine : je ferais brûler Rome sans hési-
300 ter, mais en sauvant Junie, je sauverais aussi mon frère
Britannicus.

Oui, mon frère, oui, pauvre enfant comme moi de l'art et
de la fantaisie, tu l'as conquise, tu l'as méritée en me la dispu-
tant seulement. Le ciel me garde d'abuser de mon âge, de ma
305 force et de cette humeur altière que la santé m'a rendue, pour
attaquer son choix ou son caprice à elle, la toute-puissante,
l'équitable, la divinité de mes rêves comme de ma vie !... Seulement j'avais craint longtemps que mon malheur ne te profitât
en rien, et que les beaux galants de la ville ne nous enlevassent
310 à tous ce qui n'est perdu que pour moi.

La lettre que je viens de recevoir de La Caverne[34] me rassure
pleinement sur ce point. Elle me conseille de renoncer à « un art
qui n'est pas fait pour moi et dont je n'ai nul besoin... » Hélas !
cette plaisanterie est amère, car jamais je n'eus davantage
315 besoin, sinon de l'art, du moins de ses produits brillants. Voilà
ce que vous n'avez pas compris. Vous croyez avoir assez fait
en me recommandant aux autorités de Soissons comme un personnage illustre que sa famille ne pouvait abandonner, mais que
la violence de son mal vous obligeait à laisser en route. Votre
320 La Rancune s'est présenté à la maison de ville et chez mon hôte,
avec des airs de grand d'Espagne de première classe forcé par
un contretemps de s'arrêter deux nuits dans un si triste endroit ;
vous autres, forcés de partir précipitamment de P*** le lendemain de ma déconvenue, vous n'aviez, je le conçois, nulle raison
325 de vous faire passer ici pour d'*infâmes histrions* : c'est bien
assez de se laisser clouer ce masque au visage dans les endroits
où l'on ne peut faire autrement. Mais, moi, que vais-je dire,
et comment me dépêtrer de l'infernal réseau d'intrigues où les
récits de La Rancune viennent de m'engager ? Le grand couplet

---

34. *La Caverne* : comédien du *Roman comique*.

330 du *Menteur* de Corneille lui a servi assurément à composer son histoire, car la conception d'un faquin tel que lui ne pouvait s'élever si haut. Imaginez... Mais que vais-je vous dire que vous ne sachiez de reste et que vous n'ayez comploté ensemble pour me perdre? L'ingrate qui est cause de mes malheurs n'y
335 aura-t-elle pas mélangé tous les fils de satin les plus inextricables que ses doigts d'Arachné[35] auront pu tendre autour d'une pauvre victime?... Le beau chef-d'œuvre! Eh bien! je suis pris, je l'avoue; je cède, je demande grâce. Vous pouvez me reprendre avec vous sans crainte, et, si les rapides chaises de poste qui
340 vous emportèrent sur la route de Flandre, il y a près de trois mois, ont déjà fait place à l'humble charrette de nos premières équipées, daignez me recevoir au moins en qualité de monstre, de phénomène, de *calot* propre à faire amasser la foule, et je réponds de m'acquitter de ces divers emplois de manière
345 à contenter les amateurs les plus sévères des provinces... Répondez-moi maintenant au bureau de poste, car je crains la curiosité de mon hôte : j'enverrai prendre votre épître par un homme de la maison, qui m'est dévoué...

L'ILLUSTRE BRISACIER[36].

350 Que faire maintenant de ce héros abandonné de sa maîtresse et de ses compagnons? N'est-ce en vérité qu'un comédien de hasard, justement puni de son irrévérence envers le public, de sa sotte jalousie, de ses folles prétentions! Comment arrivera-t-il à prouver qu'il est le propre fils du khan de Crimée, ainsi que
355 l'a proclamé l'astucieux récit de La Rancune? Comment de cet abaissement inouï s'élancera-t-il aux plus hautes destinées?... Voilà des points qui ne vous embarrasseraient nullement sans doute, mais qui m'ont jeté dans le plus étrange désordre d'esprit. Une fois persuadé que j'écrivais ma propre
360 histoire, je me suis mis à traduire tous mes rêves, toutes mes émotions, je me suis attendri à cet amour pour une *étoile* fugitive qui m'abandonnait seul dans la nuit de ma destinée, j'ai pleuré, j'ai frémi des vaines apparitions de mon sommeil. Puis un rayon divin a lui dans mon enfer; entouré de monstres contre

---

35. *Arachné* : jeune Lydienne qui excellait dans l'art de tisser. Minerve ayant déchiré une de ses broderies, Arachné se pendit de désespoir et fut changée en araignée par la déesse ; 36. Ici se termine le texte de *l'Artiste*. Nerval a, à plusieurs occasions, annoncé son intention de reprendre et d'achever ce récit dans lequel il voyait « sa propre histoire ».

365 lesquels je luttais obscurément, j'ai saisi le fil d'Ariane et dès lors toutes mes visions sont devenues célestes. Quelque jour j'écrirai l'histoire de cette « descente aux enfers », et vous verrez qu'elle n'a pas été entièrement dépourvue de raisonnement si elle a toujours manqué de raison[37].

370 Et puisque vous avez eu l'imprudence de citer un des sonnets composés dans cet état de rêverie *super-naturaliste*[38], comme diraient les Allemands, il faut que vous les entendiez tous. — Vous les trouverez à la fin du volume. Ils ne sont guère plus obscurs que la métaphysique d'Hégel ou les *Mémorables* de 375 Swedenborg[39], et perdraient de leur charme à être expliqués, si la chose était possible, concédez-moi du moins le mérite de l'expression ; — la dernière folie qui me restera probablement, ce sera de me croire poète : c'est à la critique de m'en guérir. (1)

---

37. Tout ce passage annonce en quelque sorte *Aurélia*, dont il énumère les différents thèmes ; 38. Terme caractéristique du romantisme nervalien ; 39. *Swedenborg* : théosophe et visionnaire suédois (1688-1772) qui se crut investi d'une mission, promulga les lois d'une Église (la « Nouvelle Jérusalem ») et exposa une science des correspondances du naturel et du surnaturel.

───────── QUESTIONS ─────────

1. SUR « À ALEXANDRE DUMAS ». — Un art poétique ? Vous montrerez que ce texte concentre, à la fin de la vie de Nerval, les divers éléments de l'esthétique du poète. (Comparez avec les textes cités dans la Documentation thématique, 1. Poétique nervalienne.) Quelle signification accorder à la restriction finale et à l'appel ultime ? Sens et portée de l'expression *super-naturaliste* (ligne 371) ?

— Un roman vécu. En quoi l'expérience rapportée (contamination de la vie et du livre) importe-t-elle pour le lecteur de *Sylvie* ? Ce texte est à rapprocher des *Illuminés* pour saisir l'influence des livres dans la vie et la création nervaliennes.

— Une introduction à *Aurélia* (ligne 357) : le jeu « folie/raison », son rôle et sa fonction.

« Voici le village au bout de la sente qui côtoie la forêt :
vingt chaumières dont la vigne et les roses grimpantes
festonnent les murs » (page 58, lignes 41-43).

Entrée de village, par Corot. Paris, musée du Louvre.

SYLVIE

SYLVIE

SOUVENIRS DU VALOIS[40]

I. — Nuit perdue

Je sortais d'un théâtre où tous les soirs je paraissais aux
avant-scènes en grande tenue de soupirant[41]. Quelquefois tout
était plein, quelquefois tout était vide. Peu m'importait d'arrêter
mes regards sur un parterre peuplé seulement d'une trentaine
5 d'amateurs forcés, sur des loges garnies de bonnets ou de toilettes surannées, — ou bien de faire partie d'une salle animée
et frémissante couronnée à tous ses étages de toilettes fleuries,
de bijoux étincelants et de visages radieux. Indifférent au spectacle de la salle, celui du théâtre ne m'arrêtait guère, — excepté
10 lorsqu'à la seconde ou à la troisième scène d'un maussade chef-
d'œuvre d'alors, une apparition bien connue illuminait l'espace
vide, rendant la vie d'un souffle et d'un mot à ces vaines figures
qui m'entouraient.

Je me sentais vivre en elle, et elle vivait pour moi seul. Son
15 sourire me remplissait d'une béatitude infinie; la vibration de
sa voix si douce et cependant fortement timbrée me faisait tres-
saillir de joie et d'amour. Elle avait pour moi toutes les perfec-
tions, elle répondait à tous mes enthousiasmes, à tous mes
caprices, — belle comme le jour aux feux de la rampe qui
20 l'éclairait d'en bas, pâle comme la nuit, quand la rampe baissée
la laissait éclairée d'en haut sous les rayons du lustre et la
montrait plus naturelle, brillant dans l'ombre de sa seule beauté,
comme les Heures divines qui se découpent, avec une étoile
au front, sur les fonds bruns des fresques d'Herculanum[42]!

---

40. *Valois* : région du nord-est de Paris érigée en duché en 1402. La capi-
tale historique — Vez — est moins connue que les villes qui en dépendaient :
Compiègne, Crépy, Senlis, Pierrefonds... Nerval y retourna fréquemment entre
1850 et 1853, au moment de la composition de sa nouvelle : « J'étais dans
le Valois, faisant le paysage de mon action. J'y repars au premier rayon de
soleil », écrit-il à Buloz en août 1852 ; **41.** Malgré l'imprécision, nous pouvons,
grâce à la biographie nervalienne, fixer la période de ce récit : en effet, c'est
entre 1834 et 1836 que Jenny Colon chantait à l'Opéra-Comique et aux Varié-
tés, et c'est en 1835 que Gérard fonde *le Monde dramatique* pour soutenir la
cantatrice ; **42.** *Herculanum* : ville de l'Italie antique, recouverte par l'éruption
du Vésuve en 79. Nerval l'avait visitée au cours de l'année 1834.

utopies/philosophie etc. Pas d'ambition

25   Depuis un an, je n'avais pas encore songé à m'informer de
ce qu'elle pouvait être d'ailleurs; je craignais de troubler le
miroir magique qui me renvoyait son image, — et tout au plus
avais-je prêté l'oreille à quelque propos concernant non plus
l'actrice, mais la femme. Je m'en informais aussi peu que des
30 bruits qui ont pu courir sur la princesse d'Élide[43] ou sur la reine
de Trébizonde[44], — un de mes oncles[45], qui avait vécu dans les
avant-dernières années du XVIIIe siècle, comme il fallait y vivre
pour le bien connaître, m'ayant prévenu de bonne heure que
les actrices n'étaient pas des femmes, et que la nature avait
35 oublié de leur faire un cœur. Il parlait de celles de ce temps-là
sans doute; mais il m'avait raconté tant d'histoires de ses illusions, de ses déceptions, et montré tant de portraits sur ivoire,
médaillons charmants qu'il utilisait depuis à parer des taba-
tières, tant de billets jaunis, tant de faveurs fanées, en m'en
40 faisant l'histoire et le compte définitif, que je m'étais habitué à
penser mal de toutes sans tenir compte de l'ordre des temps.

    Nous vivions alors dans une époque étrange, comme celles
qui d'ordinaire succèdent aux révolutions ou aux abaissements
des grands règnes. Ce n'était plus la galanterie héroïque comme
45 sous la Fronde, le vice élégant et paré comme sous la Régence,
le scepticisme et les folles orgies du Directoire; c'était un
mélange d'activité, d'hésitation et de paresse, d'utopies brillantes, d'aspirations philosophiques ou religieuses, d'enthousiasmes vagues, mêlés de certains instincts de renaissance;
50 d'ennuis des discordes passées, d'espoirs incertains, — quelque
chose comme l'époque de Pérégrinus[46] et d'Apulée[47]. L'homme
matériel aspirait au bouquet de roses qui devait le régénérer
par les mains de la belle Isis; la déesse éternellement jeune et
pure nous apparaissait dans les nuits, et nous faisait honte de
55 nos heures de jour perdues. L'ambition n'était cependant pas
de notre âge, et l'avide curée qui se faisait alors des positions
et des honneurs nous éloignait des sphères d'activité possibles.

la période

---

43. *Élide* : pays de l'ancienne Grèce dont la principale ville était Olympie;
44. *Trébizonde* : ville de la Turquie d'Asie; 45. Il s'agit de l'oncle Antoine
Boucher (1759-1820), qui demeurait à Mortefontaine, chez lequel Gérard passa
son enfance. Les idées que Nerval lui attribue se trouvent déjà exprimées dans
les *Illuminés*; 46. *Pérégrinus* : héros d'une satire du poète grec Lucien (IIe s.
apr. J.-C.) dont Nerval raconta l'histoire dans ses *Contes et facéties*; 47. *Apulée* : poète latin (125-170 apr. J.-C.), auteur des *Métamorphoses ou l'Âne d'or*.
Dans ce conte, l'auteur narre les aventures de Lucius, devenu âne après une
fausse manœuvre magique et qui retrouva sa forme humaine en mangeant
une couronne de roses que lui donnèrent les prêtres d'Isis.

Il ne nous restait pour asile que cette tour d'ivoire des poètes, où nous montions toujours plus haut pour nous isoler de la
60 foule. A ces points élevés où nous guidaient nos maîtres, nous respirions enfin l'air pur des solitudes, nous buvions l'oubli dans la coupe d'or des légendes, nous étions ivres de poésie et d'amour. Amour, hélas! des formes vagues, des teintes roses et bleues, des fantômes métaphysiques! Vue de près, la femme
65 réelle révoltait notre ingénuité; il fallait qu'elle apparût reine ou déesse, et surtout n'en pas approcher.

Quelques-uns d'entre nous néanmoins prisaient peu ces paradoxes platoniques, et à travers nos rêves renouvelés d'Alexandrie agitaient parfois la torche des dieux souterrains,
70 qui éclaire l'ombre un instant de ses traînées d'étincelles[48]. — C'est ainsi que, sortant du théâtre avec l'amère tristesse que laisse un songe évanoui, j'allais volontiers me joindre à la société d'un cercle[49] où l'on soupait en grand nombre, et où toute mélancolie cédait devant la verve intarissable de quelques esprits écla-
75 tants, vifs, orageux, sublimes parfois, — tels qu'il s'en est trouvé toujours dans les époques de rénovation ou de décadence, et dont les discussions se haussaient à ce point que les plus timides d'entre nous allaient voir parfois aux fenêtres si les Huns, les Turcomans ou les Cosaques n'arrivaient pas enfin
80 pour couper court à ces arguments de rhéteurs et de sophistes.

« Buvons, aimons, c'est la sagesse! » Telle était la seule opinion des plus jeunes. Un de ceux-là me dit : « Voici bien longtemps que je te rencontre dans le même théâtre, et chaque fois que j'y vais. Pour *laquelle* y viens-tu? »

85 Pour laquelle?... Il ne me semblait pas que l'on pût aller là pour une *autre*. Cependant j'avouai un nom. — « Eh bien! dit mon ami avec indulgence, tu vois là-bas l'homme heureux qui vient de la reconduire, et qui, fidèle aux lois de notre cercle, n'ira la retrouver peut-être qu'après la nuit. »

90 Sans trop d'émotion, je tournai les yeux vers le personnage indiqué. C'était un jeune homme correctement vêtu, d'une figure pâle et nerveuse, ayant des manières convenables et des yeux empreints de mélancolie et de douceur. Il jetait de l'or sur une table de whist et le perdait avec indifférence. — Que

---

48. C'est la vision du monde souterrain déjà décrite dans le *Voyage en Orient*; **49.** Il s'agit du « café de Valois », où se réunissaient les artistes et·les écrivains de l'époque.

95 m'importe, dis-je, lui ou tout autre ? Il fallait qu'il y en eût un,
et celui-là me paraît digne d'avoir été choisi. — Et toi ? — Moi ?
C'est une image que je poursuis, rien de plus.

En sortant, je passai par la salle de lecture, et machinalement
je regardai un journal. C'était, je crois, pour y voir le cours de
100 la Bourse. Dans les débris de mon opulence se trouvait une
somme assez forte en titres étrangers. Le bruit avait couru que,
négligés longtemps, ils allaient être reconnus ; — ce qui venait
d'avoir lieu à la suite d'un changement de ministère. Les fonds
se trouvaient déjà cotés très haut ; je redevenais riche[50].

105 Une seule pensée résulta de ce changement de situation, celle
que la femme aimée si longtemps était à moi si je voulais. —
Je touchais du doigt mon idéal. N'était-ce pas une illusion
encore, une faute d'impression railleuse ? Mais les autres feuilles
parlaient de même. — La somme gagnée se dressa devant moi
110 comme la statue d'or de Moloch. « Que dirait maintenant,
pensais-je, le jeune homme de tout à l'heure si j'allais prendre
sa place près de la femme qu'il a laissée seule ?... » Je frémis
de cette pensée, et mon orgueil se révolta.

Non ! ce n'est pas ainsi, ce n'est pas à mon âge que l'on tue
115 l'amour avec de l'or : je ne serai pas un corrupteur. D'ailleurs
ceci est une idée d'un autre temps. Qui me dit aussi que cette
femme soit vénale ? — Mon regard parcourait vaguement le
journal que je tenais encore, et j'y lus ces deux lignes : « *Fête
du Bouquet provincial.* — Demain, les archers de Senlis doivent
120 rendre le bouquet à ceux de Loisy[51]. » Ces mots, fort simples,
réveillèrent en moi toute une nouvelle série d'impressions :
c'était un souvenir de la province depuis longtemps oublié, un
écho lointain des fêtes naïves de la jeunesse. — Le cor et le
tambour résonnaient au loin dans les hameaux et dans les bois ;
125 les jeunes filles tressaient des guirlandes et assortissaient, en
chantant, des bouquets ornés de rubans. — Un lourd chariot,
traîné par des bœufs, recevait ces présents sur son passage, et
nous, enfants de ces contrées, nous formions le cortège avec nos
arcs et nos flèches, nous décorant du titre de chevaliers, — sans
130 savoir alors que nous ne faisions que répéter d'âge en âge une

---

50. En janvier 1834, Gérard avait hérité de ses grands-parents une somme
de 30 000 francs, qu'il perdit rapidement dans la faillite du *Monde dramatique* ;
51. *Loisy.* Il existe un petit village dans le Valois entre Mortefontaine et Ermenonville, mais il n'y avait pas de compagnie d'archers. Gérard s'efforce donc
de brouiller les cartes.

fête druidique survivant aux monarchies et aux religions nouvelles[52]. (2)

II. — ADRIENNE

Je regagnai mon lit et je ne pus y trouver le repos. Plongé dans une demi-somnolence, toute ma jeunesse repassait en mes souvenirs. Cet état, où l'esprit résiste encore aux bizarres combinaisons du songe, permet souvent de voir se presser en quelques
5 minutes les tableaux les plus saillants d'une longue période de la vie.

Je me représentais un château[53] du temps de Henri IV avec

---

52. Gérard a toujours porté de l'intérêt à l'arc, dans lequel il voyait un reste de la civilisation celtique. Dans *Angélique* (« Huitième Lettre ») il raconte que l'arc lui « rappelle d'abord l'époque où ces rudes tribus de Sylvanectes formaient une branche redoutable des races celtiques » ; 53. Il s'agit très vraisemblablement du château de Mortefontaine.

--------- **QUESTIONS** ---------

2. SUR LE CHAPITRE « NUIT PERDUE ». — Dégagez les divers moments du chapitre et montrez la logique interne des enchaînements. Le soupirant : étudiez dans le vocabulaire les multiples marques de l'attitude traditionnelle du « soupirant » de théâtre. En quoi la lucidité apparente du narrateur est-elle ici caractéristique du recul pris par l'écrivain sur la réalité vécue ? L'amour idéal : relevez les différentes attitudes du narrateur à l'égard de son « idéal ». À partir d'une étude précise du vocabulaire, tentez d'en définir la forme, la conception et le but. En quoi cet amour s'intègre-t-il à l' « époque » romantique telle que nous la présente le narrateur ?

— L'*époque étrange :* vous soulignerez par une étude très serrée la principale caractéristique du moment décrit. Relevez, en particulier, la profusion des termes volontairement flous (*vagues, certains, espoirs incertains*, etc.) : quelle impression tentent-ils de suggérer ?

— « La vie est un rêve » : soulignez dès maintenant l'intrusion des deux plans sur lesquels va se fonder le récit (rêve/réel) et montrez comment la conception poétique est à la fois la conséquence, mais aussi le point de départ de l'expérience tragique nervalienne.

— Le souvenir, transition romanesque : analysez le mécanisme de réminiscence à la fin du chapitre (stimulus d'origine, réactions, matérialisation du choc sensoriel) et comparez-le à l'épisode de la grive de Montboissier (*Mémoires d'outre-tombe*, I, III) et surtout à celui de la petite madeleine de Proust (*Du côté de chez Swann*). C'est le premier exemple de transition romanesque utilisé par Nerval pour plonger dans le passé : comparez-le avec les autres exemples contenus dans la nouvelle et dégagez-en les idées fondamentales pour une réflexion sur la création romanesque chez Nerval.

— Un titre significatif : ce premier chapitre, tout en introduisant à l'espoir dont les six chapitres suivants vont être l'illustration, porte en lui-même la marque de l'échec final de la « quête » nervalienne : comment ? Commentez de ce point de vue l'adjectif *perdue* du titre.

ses toits pointus couverts d'ardoises et sa face rougeâtre aux
encoignures dentelées de pierres jaunies, une grande place verte
10 encadrée d'ormes et de tilleuls, dont le soleil couchant perçait
le feuillage de ses traits enflammés. Des jeunes filles dansaient
en rond sur la pelouse en chantant de vieux airs transmis par
leurs mères, et d'un français si naturellement pur que l'on se
sentait bien exister dans ce vieux pays du Valois, où, pendant
15 plus de mille ans, a battu le cœur de la France.

J'étais le seul garçon dans cette ronde, où j'avais amené ma
compagne toute jeune encore, Sylvie, une petite fille du hameau
voisin, si vive et si fraîche, avec ses yeux noirs, son profil régu-
lier et sa peau légèrement hâlée!... Je n'aimais qu'elle, je ne
20 voyais qu'elle, — jusque-là! A peine avais-je remarqué, dans
la ronde où nous dansions, une blonde, grande et belle, qu'on
appelait Adrienne. Tout d'un coup, suivant les règles de la
danse, Adrienne se trouva placée seule avec moi au milieu du
cercle. Nos tailles étaient pareilles. On nous dit de nous
25 embrasser, et la danse et le chœur tournaient plus vivement
que jamais. En lui donnant ce baiser, je ne pus m'empêcher de
lui presser la main. Les longs anneaux roulés de ses cheveux
d'or effleuraient mes joues. De ce moment, un trouble inconnu
s'empara de moi. — La belle devait chanter pour avoir le droit
30 de rentrer dans la danse. On s'assit autour d'elle, et aussitôt,
d'une voix fraîche et pénétrante, légèrement voilée, comme
celle des filles de ce pays brumeux, elle chanta une de ces
anciennes romances pleines de mélancolie et d'amour, qui
racontent toujours les malheurs d'une princesse enfermée dans
35 sa tour par la volonté d'un père qui la punit d'avoir aimé[54]. La
mélodie se terminait à chaque stance par ces trilles chevrotants
que font valoir si bien les voix jeunes, quand elles imitent par
un frisson modulé la voix tremblante des aïeules[55].

A mesure qu'elle chantait, l'ombre descendait des grands
40 arbres, et le clair de lune naissant tombait sur elle seule, isolée

---

54. Dans *Angélique* (« Septième Lettre »), Gérard cite « une de ces chansons
qu'il a pu recueillir dans ce vieux pays de l'Île-de-France, qui s'étend du Parisis
jusqu'aux confins de la Picardie :

Ma fille, il faut changer d'amour,
Ou vous entrerez dans la tour...
— J'aime mieux rester dans la tour,
Mon père! que de changer d'amour!

55. Idée chère à Nerval (voir plus loin chap. XI). Dans *les Nuits d'octobre*
(« le Rôtisseur »), il admirait déjà ce « timbre jeune, ces désinences tremblées
à la façon des chants naïfs de nos aïeuls » qui le « remplissent d'un certain
charme ».

de notre cercle attentif. — Elle se tut, et personne n'osa rompre
le silence. La pelouse était couverte de faibles vapeurs condensées, qui déroulaient leurs blancs flocons sur les pointes des
herbes. Nous pensions être en paradis. — Je me levai enfin,
45 courant au parterre du château, où se trouvaient des lauriers,
plantés dans de grands vases de faïence peints en camaïeu. Je
rapportai deux branches, qui furent tressées en couronne et
nouées d'un ruban. Je posai sur la tête d'Adrienne cet ornement, dont les feuilles lustrées éclataient sur ses cheveux
50 blonds aux rayons pâles de la lune. Elle ressemblait à la
Béatrice de Dante[56] qui sourit au poète errant sur la lisière des
saintes demeures.

Adrienne se leva. Développant sa taille élancée, elle nous fit
un salut gracieux, et rentra en courant dans le château. —
55 C'était, nous dit-on, la petite-fille de l'un des descendants d'une
famille alliée aux anciens rois de France; le sang des Valois
coulait dans ses veines. Pour ce jour de fête, on lui avait permis
de se mêler à nos jeux; nous ne devions plus la revoir, car le
lendemain elle repartit pour un couvent où elle était
60 pensionnaire.

Quand je revins près de Sylvie, je m'aperçus qu'elle pleurait.
La couronne donnée par mes mains à la belle chanteuse était
le sujet de ses larmes. Je lui offris d'en aller cueillir une autre,
mais elle dit qu'elle n'y tenait nullement, ne la méritant pas.
65 Je voulus en vain me défendre, elle ne me dit plus un seul mot
pendant que je la reconduisais chez ses parents.

Rappelé moi-même à Paris pour y reprendre mes études,
j'emportai cette double image d'une amitié tendre tristement
rompue, — puis d'un amour impossible et vague, source de
70 pensées douloureuses que la philosophie de collège était impuissante à calmer.

La figure d'Adrienne resta seule triomphante, — mirage
de la gloire et de la beauté, adoucissant ou partageant les heures
des sévères études. Aux vacances de l'année suivante, j'appris
75 que cette belle à peine entrevue était consacrée par sa famille
à la vie religieuse[57]. (3)

---

56. *Béatrice* : femme pour laquelle Dante (1265-1321) composa des poèmes
mystiques et amoureux ; c'est elle qui guidera le poète dans l'au-delà ; 57. Il
peut y avoir là une origine livresque : Gérard, dans le *Voyage en Orient*, parle
du *Songe de Poliphile*, de ce livre « d'amour platonique qui fut toujours l'évangile des cœurs amoureux ».

──────── QUESTIONS ────────
Questions 3, v. p. 51.

III. — RÉSOLUTION

Tout m'était expliqué par ce souvenir à demi rêvé. Cet amour
vague et sans espoir, conçu pour une femme de théâtre, qui
tous les soirs me prenait à l'heure du spectacle, pour ne me
quitter qu'à l'heure du sommeil, avait son germe dans le sou-
5 venir d'Adrienne, fleur de la nuit éclose à la pâle clarté de
la lune, fantôme rose et blond glissant sur l'herbe verte à demi
baignée de blanches vapeurs. — La ressemblance d'une figure
oubliée depuis des années se dessinait désormais avec une netteté singulière ; c'était un crayon estompé par le temps qui se
10 faisait peinture, comme ces vieux croquis de maîtres admirés
dans un musée, dont on retrouve ailleurs l'original éblouissant.

Aimer une religieuse sous la forme d'une actrice !... et si
c'était la même[58] ! — Il y a de quoi devenir fou ! c'est un entraînement fatal où l'inconnu vous attire comme le feu follet fuyant
15 sur les joncs d'une eau morte... Reprenons pied sur le réel.

Et Sylvie que j'aimais tant, pourquoi l'ai-je oubliée depuis
trois ans ?... C'était une bien jolie fille, et la plus belle de Loisy !

Elle existe, elle, bonne et pure de cœur sans doute. Je revois
sa fenêtre où le pampre s'enlace au rosier, la cage de fauvettes
20 suspendue à gauche ; j'entends le bruit de ses fuseaux sonores
et sa chanson favorite :

> La belle était assise
> Près du ruisseau coulant...

---

58. Exemple frappant de l'influence des théories pythagoriciennes sur Nerval
et significatif de sa démarche pour fondre dans le même moule les divers
aspects de son idéal féminin.

──── QUESTIONS ────

3. SUR LE CHAPITRE « ADRIENNE ». — Premier décalage dans la
perspective romanesque : du souvenir revécu à la fin de la *nuit perdue*,
nous passons à la *demi-somnolence*, sans quitter le monde de la réminiscence (voir début de chap. III : *souvenir à demi rêvé*) : quelle est
l'importance de cette fusion du rêve et du souvenir pour la suite du récit ?

— Un décor mythique : avec la *ronde* de Mortefontaine apparaît le
paysage nervalien type. Dégagez-en les composantes principales et
montrez-en la permanence dans l'ensemble de l'œuvre (voir, par exemple,
le sonnet « Fantaisie », p. 113). Analysez cette plastique du double point
de vue romantique (voir Aloysius Bertrand, Théophile Gautier, Hugo
même) et surtout symbolique (rôle dans la construction du « mythe »
nervalien).

— L'anti-Aurélie : comparez la présentation d'Adrienne (lignes 20-60)
avec celle d'Aurélie (p. 44, lignes 8-24) et montrez que tous les éléments
(décor, éclairage, etc.) concourent à opposer ces deux « figures ».

Elle m'attend encore... Qui l'aurait épousée? elle est si
25 pauvre.

Dans son village et dans ceux qui l'entourent, de bons
paysans en blouse, aux mains rudes, à la face amaigrie, au teint
hâlé! Elle m'aimait seul, moi le petit Parisien, quand j'allais
voir près de Loisy mon pauvre oncle, mort aujourd'hui. Depuis
30 trois ans, je dissipe en seigneur le bien modeste qu'il m'a laissé
et qui pouvait suffire à ma vie[59]. Avec Sylvie, je l'aurais
conservé. Le hasard m'en rend une partie. Il est temps encore.

A cette heure, que fait-elle? Elle dort... Non, elle ne dort
pas; c'est aujourd'hui la fête de l'arc, la seule de l'année où
35 l'on danse toute la nuit[60]. — Elle est à la fête...

Quelle heure est-il?

Je n'avais pas de montre.

Au milieu de toutes les splendeurs de bric-à-brac qu'il était
d'usage de réunir à cette époque pour restaurer dans sa couleur
40 locale un appartement d'autrefois, brillait d'un éclat rafraîchi
une de ces pendules d'écaille de la Renaissance, dont le dôme
doré surmonté de la figure du Temps est supporté par des caria-
tides du style Médicis, reposant à leur tour sur des chevaux
à demi cabrés. La Diane historique, accoudée sur son cerf, est
45 en bas-relief sous le cadran, où s'étalent sur un fond niellé les
chiffres émaillés des heures. Le mouvement, excellent sans
doute, n'avait pas été remonté depuis deux siècles. — Ce n'était
pas pour savoir l'heure que j'avais acheté cette pendule en
Touraine[61].

50 Je descendis chez le concierge. Son coucou marquait
une heure du matin. — En quatre heures, me dis-je, je puis
arriver au bal de Loisy. Il y avait encore sur la place du Palais-
Royal cinq ou six fiacres stationnant pour les habitués des
cercles et des maisons de jeu : — A Loisy! dis-je au plus appa-
55 rent. — Où cela est-il? — Près de Senlis, à huit lieues. —
Je vais vous conduire à la poste, dit le cocher, moins préoccupé que moi.

Quelle triste route, la nuit, que cette route de Flandre, qui
ne devient belle qu'en atteignant la zone des forêts! Toujours

59. Encore une fois, Gérard brouille les pistes. Son oncle est mort en 1820.
C'est donc de l'héritage de ses grands-parents qu'il s'agit (voir la note 50);
60. Le 24 août, nuit de la Saint-Barthélemy, fête du pays; 61. Cette *pendule*
baroque fait partie de l'ensemble de bric-à-brac qui était entreposé à l'impasse
du « Doyenné ».

« La traversée
du lac
avait été imaginée
peut-être
pour rappeler
le Voyage
à Cythère
de Watteau »
(page 55,
lignes 29-30).

L'Embarquement
pour Cythère,
par Watteau.
Paris,
musée du Louvre.

Phot. Larousse.

60 ces deux files d'arbres monotones qui grimacent des formes
vagues; au-delà, des carrés de verdure et de terres remuées,
bornés à gauche par les collines bleuâtres de Montmorency,
d'Écouen, de Luzarches[62]. Voici Gonesse, le bourg vulgaire
plein des souvenirs de la Ligue et de la Fronde...

65 Plus loin que Louvres est un chemin bordé de pommiers
dont j'ai vu bien des fois les fleurs éclater dans la nuit comme
des étoiles de la terre : c'était le plus court pour gagner les
hameaux. — Pendant que la voiture monte les côtes, recomposons les souvenirs du temps où j'y venais si souvent. (4)

Transition

IV. — Un voyage a Cythère

Quelques années s'étaient écoulées : l'époque où j'avais rencontré Adrienne devant le château n'était plus déjà qu'un souvenir d'enfance. Je me retrouvai à Loisy au moment de la
fête patronale. J'allai de nouveau me joindre aux chevaliers
5 de l'arc, prenant place dans la compagnie dont j'avais fait partie

---

62. Voir « le Réveil en voiture », page 108.

──────── **QUESTIONS** ────────

4. Sur le chapitre « Résolution ». — À la fin du troisième chapitre,
tout est en place : personnages, décor, thèmes. L'introduction à la
« quête » est close.

— Une structure de fantastique : Todorov a défini le fantastique
comme « une hésitation » entre deux explications possibles d'un événement. Comment ce schéma peut-il s'appliquer au chapitre présent ?
Montrez que là encore la structure du texte joue à la fois au niveau de
l'expérience vécue (la tentation de la folie) et de l'expérience écrite
(transition habile entre les deux moments du texte).

— La première scission : pour la première fois apparaissent dans
un même chapitre les trois figures féminines du récit. Pour le moment,
il y a une opposition binaire, Sylvie s'opposant au couple Adrienne/
Aurélie : montrez que dès lors le narrateur se trouve enfermé (lignes
1-17) dans un cercle dont il ne pourra pas sortir.

— Sylvie la douce : soulignez tout ce qui tend à opposer, dans la
narration même, Sylvie aux deux autres héroïnes en la « matérialisant »
aux yeux du narrateur (rôle, en particulier, de la ligne 20). Pourtant, en
quoi l'espoir du narrateur dans la (re)conquête de la petite paysanne
est-il d'avance condamné ?

— Le temps perdu : montrez que toute la seconde partie du récit
s'organise en fonction d'une négation de la durée temporelle. Quelles
raisons ont pu pousser le narrateur dans son choix de la pendule
(ligne 41) ? Soulignez la convergence de l'expérience du voyage et de la
thématique du temps. Quelle en est la signification véritable ?

déjà. Des jeunes gens appartenant aux vieilles familles qui possèdent encore là plusieurs de ces châteaux perdus dans les forêts, qui ont plus souffert du temps que des révolutions, avaient organisé la fête. De Chantilly, de Compiègne et de
10 Senlis accouraient de joyeuses cavalcades qui prenaient place dans le cortège rustique des compagnies de l'arc. Après la longue promenade à travers les villages et les bourgs, après la messe à l'église, les luttes d'adresse et la distribution des prix, les vainqueurs avaient été conviés à un repas qui se donnait
15 dans une île ombragée de peupliers et de tilleuls, au milieu de l'un des étangs alimentés par la Nonette et la Thève[63]. Des barques pavoisées nous conduisirent à l'île, — dont le choix avait été déterminé par l'existence d'un temple ovale à colonnes qui devait servir de salle pour le festin. Là, comme à Ermenon-
20 ville, le pays est semé de ces édifices légers de la fin du XVIIIe siècle, où des millionnaires philosophes se sont inspirés dans leurs plans du goût dominant d'alors. Je crois bien que ce temple avait dû être primitivement dédié à Uranie[64]. Trois colonnes avaient succombé emportant dans leur chute une
25 partie de l'architrave; mais on avait déblayé l'intérieur de la salle, suspendu des guirlandes entre les colonnes, on avait rajeuni cette ruine moderne, — qui appartenait au paganisme de Boufflers ou de Chaulieu plutôt qu'à celui d'Horace[65].

La traversée du lac avait été imaginée peut-être pour rappe-
30 ler le *Voyage à Cythère* de Watteau. Nos costumes modernes dérangeaient seuls l'illusion. L'immense bouquet de la fête, enlevé du char qui le portait, avait été placé sur une grande barque; le cortège des jeunes filles vêtues de blanc qui l'accompagnent selon l'usage avait pris place sur les bancs, et
35 cette gracieuse *théorie* renouvelée des jours antiques se reflétait dans les eaux calmes de l'étang qui la séparait du bord de l'île si vermeil aux rayons du soir avec ses halliers d'épines, sa colonnade et ses clairs feuillages. Toutes les barques abordèrent en peu de temps. La corbeille portée en cérémonie occupa le centre
40 de la table, et chacun prit place, les plus favorisés auprès des jeunes filles : il suffisait pour cela d'être connu de leurs parents.

63. La scène se déroule très probablement sur l'île Moltcn, qui se trouve au milieu de l'étang de Vallière qu'alimente la Thève ; 64. *Uranie* : une des neuf Muses, présidait à l'astronomie et à la géométrie ; 65. Le chevalier de *Boufflers* (1738-1815) et l'abbé de *Chaulieu* (1639-1720) sont deux écrivains galants, auteurs de poésies légères, de contes badins et d'épîtres. Tout le chapitre fait songer à Ermenonville, dont le parc possédait un temple de l'Amour en style néo-classique.

Ce fut la cause qui fit que je me retrouvai près de Sylvie. Son frère m'avait déjà rejoint dans la fête, il me fit la guerre de n'avoir pas depuis longtemps rendu visite à sa famille. Je m'ex-
45 cusai sur mes études, qui me retenaient à Paris, et l'assurai que j'étais venu dans cette intention. « Non, c'est moi qu'il a oubliée, dit Sylvie. Nous sommes des gens de village, et Paris est si au-dessus! » Je voulus l'embrasser pour lui fermer la bouche; mais elle me boudait encore, et il fallut que son frère intervînt
50 pour qu'elle m'offrît sa joue d'un air indifférent. Je n'eus aucune joie de ce baiser dont bien d'autres obtenaient la faveur, car dans ce pays patriarcal où l'on salue tout homme qui passe un baiser n'est autre chose qu'une politesse entre bonnes gens.

Une surprise avait été arrangée par les ordonnateurs de la
55 fête. A la fin du repas, on vit s'envoler du fond de la vaste corbeille un cygne[66] sauvage, jusque-là captif sous les fleurs, qui, de ses fortes ailes, soulevant des lacis de guirlandes et de couronnes, finit par les disperser de tous côtés. Pendant qu'il s'élançait joyeux vers les dernières lueurs du soleil, nous rat-
60 trapions au hasard les couronnes dont chacun parait aussitôt le front de sa voisine. J'eus le bonheur de saisir une des plus belles, et Sylvie souriante se laissa embrasser cette fois plus tendrement que l'autre. Je compris que j'effaçais ainsi le sou-venir d'un autre temps. Je l'admirai cette fois sans partage, elle
65 était devenue si belle! Ce n'était plus cette petite fille de village que j'avais dédaignée pour une plus grande et plus faite aux grâces du monde. Tout en elle avait gagné : le charme de ses yeux noirs, si séduisants dès son enfance, était devenu irrésis-tible; sous l'orbite arquée de ses sourcils, son sourire, éclairant
70 tout à coup de traits réguliers et placides, avait quelque chose d'athénien. J'admirais cette physionomie digne de l'art antique au milieu des minois chiffonnés de ses compagnes. Ses mains délicatement allongées, ses bras qui avaient blanchi en s'arron-dissant, sa taille dégagée, la faisaient tout autre que je ne l'avais
75 vue. Je ne pus m'empêcher de lui dire combien je la trouvais différente d'elle-même, espérant couvrir ainsi mon ancienne et rapide infidélité.

Tout me favorisait d'ailleurs, l'amitié de son frère, l'impres-sion charmante de cette fête, l'heure du soir et le lieu même où,

---

66. *Le cygne.* Dans le *Dictionnaire de poétique et de rhétorique,* cet oiseau est défini comme « le symbole de la lente et laborieuse élévation morale, du progrès des initiations qui conduisent à la perfection ».

80 par une fantaisie pleine de goût, on avait reproduit une image
des galantes solennités d'autrefois. Tant que nous pouvions,
nous échappions à la danse pour causer de nos souvenirs
d'enfance et pour admirer en rêvant à deux les reflets du ciel
sur les ombrages et sur les eaux. Il fallut que le frère de Sylvie
85 nous arrachât à cette contemplation en disant qu'il était temps
de retourner au village assez éloigné qu'habitaient ses
parents. **(5)**

(still dream!)

V. — LE VILLAGE

C'était à Loisy, dans l'ancienne maison du garde. Je les
conduisis jusque-là, puis je retournai à Montagny[67], où je
demeurais chez mon oncle. En quittant le chemin pour traverser un petit bois qui sépare Loisy de Saint-S...[68], je ne tardai
5 pas à m'engager dans une *sente* profonde qui longe la forêt
d'Ermenonville ; je m'attendais ensuite à rencontrer les murs
d'un couvent qu'il fallait suivre pendant un quart de lieue. La
lune se cachait de temps à autre sous les nuages, éclairant à
peine les roches de grès sombre et les bruyères qui se multi-
10 pliaient sous mes pas. A droite et à gauche, des lisières de forêts

perdre le chemin, brouillard etc

—————
67. *Montagny.* L'oncle Boucher habitait Mortefontaine. Gérard poursuit donc
sa mystification en brouillant les pistes ; **68.** *Saint-S...* Sans doute faut-il penser
à Saint-Sulpice-du-Désert, dont le couvent, situé entre Mortefontaine et Ermenonville, avait appartenu à Sophie Dawes.

————— **QUESTIONS** —————

5. SUR LE CHAPITRE « UN VOYAGE À CYTHÈRE ». — Un chapitre de
transition : le dernier paragraphe résume l'ensemble de l'expérience du
narrateur et caractérise ses hantises (souvenir, aspects du paysage, etc.).
Vous montrerez le rôle capital de ce chapitre à partir d'une analyse
précise du vocabulaire.

— Une pastorale du XVIIIᵉ siècle : montrez la convergence des effets
qui tendent à introduire dans le récit plus qu'une atmosphère extérieure,
un paysage intérieur. Soulignez-en la permanence dans la suite du récit
et tentez d'en justifier le rôle.

— Une réconciliation ou une lutte ? Georges Poulet prétend qu'en
« embrassant Sylvie, Gérard embrasse le monde réel et le temps présent ».
Ne peut-on y voir plus exactement le début de l'opposition fondamentale qui dans l'esprit du narrateur va engendrer deux « côtés » : celui de
Sylvie et celui d'Adrienne ? Sylvie, personnage témoin : pour la première
fois apparaît une description de la petite paysanne. Cette description
vise à faire de l'héroïne une figure esthétique : quelles raisons peuvent
expliquer ce besoin ? Analysez dans la continuité du récit les portraits
de Sylvie et tentez par là même de faire le point sur la situation intérieure
du narrateur.

sans routes tracées, et toujours devant moi ces roches druidiques[69] de la contrée qui garde le souvenir des fils d'Armen[70]
exterminés par les Romains! Du haut de ces entassements
sublimes, je voyais les étangs lointains se découper comme des
15 miroirs sur la plaine brumeuse, sans pouvoir distinguer celui
même où s'était passée la fête.

L'air était tiède et embaumé; je résolus de ne pas aller plus
loin et d'attendre le matin, en me couchant sur des touffes de
bruyères. — En me réveillant, je reconnus peu à peu les points
20 voisins du lieu où je m'étais égaré dans la nuit. A ma gauche,
je vis se dessiner la longue ligne des murs du couvent de
Saint-S..., puis de l'autre côté de la vallée, la butte aux Gens-
d'Armes, avec les ruines ébréchées de l'antique résidence carlo-
vingienne. Près de là, au-dessus des touffes de bois, les hautes
25 masures de l'abbaye de Thiers découpaient sur l'horizon leurs
pans de muraille percés de trèfles et d'ogives. Au-delà, le manoir
gothique de Pontarmé, entouré d'eau comme autrefois, refléta
bientôt les premiers feux du jour, tandis qu'on voyait se dresser
au midi le haut donjon de la Tournelle et les quatre tours de
30 Bertrand-Fosse sur les premiers coteaux de Montméliant.

Cette nuit m'avait été douce, et je ne songeais qu'à Sylvie;
cependant l'aspect du couvent me donna un instant l'idée que
c'était celui peut-être qu'habitait Adrienne. Le tintement de la
cloche du matin était encore dans mon oreille et m'avait sans
35 doute réveillé. J'eus un instant l'idée de jeter un coup d'œil par-
dessus les murs en gravissant la plus haute pointe des rochers;
mais, en y réfléchissant, je m'en gardai comme d'une profana-
tion. Le jour en grandissant chassa de ma pensée ce vain souvenir et n'y laissa plus que les traits rosés de Sylvie. « Allons la
40 réveiller », me dis-je, et je repris le chemin de Loisy.

Voici le village au bout de la sente qui côtoie la forêt :
vingt chaumières dont la vigne et les roses grimpantes festonnent les murs. Des fileuses matinales, coiffées de mouchoirs
rouges, travaillent réunies devant une ferme. Sylvie n'est point
45 avec elles. C'est presque une demoiselle depuis qu'elle exécute

---

69. Dans *Angélique* (« Huitième Lettre »), Gérard parle d'Ermenonville, dont
« les pierres druidiques, les haches de pierre et les tombeaux, où les sque-
lettes ont toujours le visage tourné vers l'Orient, ne témoignent pas moins des
origines du peuple qui habite ces régions »; **70.** *Armen* : chef des peuplades
germaniques qui s'opposa aux Romains. Après avoir détruit les légions de
Varus (IXe s. apr. J.-C.), il fut battu sept ans plus tard par Germanicus. S'étant
échappé, il fut finalement empoisonné par les siens pour avoir aspiré à la
royauté. Il demeure aujourd'hui un héros populaire en Allemagne sous le
nom de « Hermann ».

« Quelques minutes plus tard nous nous arrêtions à la maison du garde,
à l'ancienne abbaye de Châalis » (page 65, lignes 8-10).

Église abbatiale de Fontaine-Chaalis (XIIIᵉ siècle).

de fines dentelles, tandis que ses parents sont restés de bons
villageois. — Je suis monté à sa chambre sans étonner personne ; déjà levée depuis longtemps, elle agitait les fuseaux
de sa dentelle, qui claquaient avec un doux bruit sur le car-
50 reau[71] vert que soutenaient ses genoux. « Vous voilà, paresseux,
dit-elle avec son sourire divin, je suis sûre que vous sortez seulement de votre lit ! » Je lui racontai ma nuit passée sans sommeil, mes courses égarées à travers les bois et les roches. Elle
voulut bien me plaindre un instant. « Si vous n'êtes pas fatigué,
55 je vais vous faire courir encore. Nous irons voir ma grand'tante
à Othys. » J'avais à peine répondu qu'elle se leva joyeusement,
arrangea ses cheveux devant un miroir et se coiffa d'un chapeau
de paille rustique. L'innocence et la joie éclataient dans ses
yeux. Nous partîmes en suivant les bords de la Thève, à travers
60 les prés semés de marguerites et de boutons d'or, puis le long
des bois de Saint-Laurent, franchissant parfois les ruisseaux
et les halliers pour abréger la route. Les merles sifflaient dans
les arbres, et les mésanges s'échappaient joyeusement des buissons frôlés par notre marche.

65   Parfois nous rencontrions sous nos pas les pervenches si
chères à Rousseau[72], ouvrant leurs corolles bleues parmi ces
longs rameaux de feuilles accouplées, lianes modestes qui arrêtaient les pieds furtifs de ma compagne. Indifférente aux souvenirs du philosophe genevois, elle cherchait çà et là les fraises
70 parfumées, et moi, je lui parlais de *la Nouvelle Héloïse*[73], dont
je récitais par cœur quelques passages. « Est-ce que c'est joli ?
dit-elle. — C'est sublime. — Est-ce mieux qu'Auguste Lafontaine[74] ? — C'est plus tendre. — Oh ! bien, dit-elle, il faut que
je lise cela. Je dirai à mon frère de me l'apporter la première
75 fois qu'il ira à Senlis. » Et je continuais à réciter des fragments
de *l'Héloïse* pendant que Sylvie cueillait des fraises. **(6)**

---

71. *Carreau* : coussin carré qui supporte le fuseau ; **72.** C'est là un souvenir
du « Sixième Livre » des *Confessions* ; **73.** *La Nouvelle Héloïse* (1761), roman
d'amour écrit par J.-J. Rousseau, est constituée des lettres que s'adressent les
deux héros, le roturier Saint-Preux et son élève, la noble Julie d'Étanges ;
74. *Auguste Lafontaine* : romancier allemand (1758-1831) en vogue au début
du XIX⁰ siècle.

--------- **QUESTIONS** ---------

6. SUR LE CHAPITRE « LE VILLAGE ». — Le premier côté du miroir : ce
chapitre marque une étape dans la victoire du narrateur. On l'opposera
au chapitre VIII, en notant la transformation des divers éléments de
notation qui réalisent le portrait de Sylvie.

(*Suite*, v. p. 61.)

VI. — OTHYS

Au sortir du bois, nous rencontrâmes de grandes touffes de digitale pourprée; elle en fit un énorme bouquet en me disant : « C'est pour ma tante; elle sera si heureuse d'avoir ces belles fleurs dans sa chambre. » Nous n'avions plus qu'un bout de
5 plaine à traverser pour gagner Othys. Le clocher du village pointait sur les coteaux bleuâtres qui vont de Montméliant à Dammartin. La Thève bruissait de nouveau parmi les grès et les cailloux, s'amincissant au voisinage de sa source, où elle se repose dans les prés, formant un petit lac au milieu des
10 glaïeuls et des iris. Bientôt nous gagnâmes les premières maisons. La tante de Sylvie habitait une petite chaumière bâtie en pierres de grès inégales que revêtaient des treillages de houblon et de vigne vierge; elle vivait seule de quelques carrés de terre que les gens du village cultivaient pour elle depuis la
15 mort de son mari. Sa nièce arrivant, c'était le feu dans la maison. « Bonjour, la tante! Voici vos enfants! dit Sylvie; nous avons bien faim! » Elle l'embrassa tendrement, lui mit dans les bras la botte de fleurs, puis songea enfin à me présenter, en disant : « C'est mon amoureux! »
20 J'embrassai à mon tour la tante qui dit : « Il est gentil... C'est donc un blond!... — Il a de jolis cheveux fins, dit Sylvie. — Cela ne dure pas, dit la tante; mais vous avez du temps devant vous, et toi qui es brune, cela t'assortit bien. — Il faut le faire déjeuner, la tante », dit Sylvie. Et elle alla cherchant
25 dans les armoires, dans la huche, trouvant du lait, du pain bis, du sucre, étalant sans trop de soin sur la table les assiettes et les plats de faïence émaillés de larges fleurs et de coqs au vif plumage. Une jatte en porcelaine de Creil, pleine de lait où nageaient les fraises, devint le centre du service, et après avoir
30 dépouillé le jardin de quelques poignées de cerises et de groseilles, elle disposa deux vases de fleurs aux deux bouts de la nappe. Mais la tante avait dit ces belles paroles : « Tout cela,

---

QUESTIONS

— La transition romanesque : le début du troisième paragraphe (ligne 31) réintroduit le personnage de Sylvie dans la quête du narrateur qui terminait l'indécision du chapitre précédent. Vous analyserez les liens qui unissent dans l'esprit du narrateur Sylvie à son village et vous marquerez l'évolution de l'une en fonction de l'autre.

— L'intervention du narrateur : est-elle seulement anecdotique? Comment expliquer les fréquentes incises : *a)* pour la suite logique du récit? *b)* dans l'histoire intérieure du personnage? *c)* dans le rapport qu'entretient le texte avec la temporalité?

ce n'est que du dessert. Il faut me laisser faire à présent. » Et
elle avait décroché la poêle et jeté un fagot dans la haute che-
35 minée. « Je ne veux pas que tu touches à cela ! dit-elle à Sylvie,
qui voulait l'aider ; abîmer tes jolis doigts qui font de la dentelle
plus belle qu'à Chantilly[75] ! tu m'en as donné, et je m'y connais.
— Ah ! oui, la tante !... Dites donc, si vous en avez des morceaux de l'ancienne, cela me fera des modèles. — Eh bien ! va
40 voir là-haut, dit la tante, il y en a peut-être dans ma commode.
— Donnez-moi les clefs, reprit Sylvie. — Bah ! dit la tante, les
tiroirs sont ouverts. — Ce n'est pas vrai, il y en a un qui est
toujours fermé. » Et pendant que la bonne femme nettoyait la
poêle après l'avoir passée au feu, Sylvie dénouait des pendants
45 de sa ceinture une petite clef d'un acier ouvragé qu'elle me fit
voir avec triomphe.

Je la suivis, montant rapidement l'escalier de bois qui conduisait à la chambre. — Ô jeunesse, ô vieillesse saintes ! — qui
donc eût songé à ternir la pureté d'un premier amour dans ce
50 sanctuaire des souvenirs fidèles ? Le portrait d'un jeune homme
du bon vieux temps souriait avec ses yeux noirs et sa bouche
rose, dans un ovale au cadre doré, suspendu à la tête du lit
rustique. Il portait l'uniforme des gardes-chasse de la maison
de Condé ; son attitude à demi martiale, sa figure rose et bien-
55 veillante, son front pur sous ses cheveux poudrés, relevaient ce
pastel, médiocre peut-être, des grâces de la jeunesse et de la
simplicité. Quelque artiste modeste invité aux chasses princières
s'était appliqué à le pourtraire de son mieux, ainsi que sa jeune
épouse, qu'on voyait dans un autre médaillon, attrayante,
60 maligne, élancée dans son corsage ouvert à échelle de rubans,
agaçant de sa mine retroussée un oiseau posé sur son doigt.
C'était pourtant la même bonne vieille qui cuisinait en ce
moment, courbée sur le feu de l'âtre. Cela me fit penser aux
fées des Funambules[76] qui cachent, sous leur masque ridé, un
65 visage attrayant, qu'elles révèlent au dénouement, lorsque apparaît le temple de l'Amour et son soleil tournant qui rayonne de
feux magiques. « Ô bonne tante, m'écriai-je, que vous étiez
jolie ! — Et moi donc ? » dit Sylvie, qui était parvenue à ouvrir
le fameux tiroir. Elle y avait trouvé une grande robe en taffetas

---

75. Pendant le premier tiers du XIXe siècle, les villages du Valois travaillaient
la dentelle pour les maisons de Chantilly (ou de Dammartin). Mais cette indus-
trie était déjà fort en déclin, ce qui explique que plus loin (p. 74) Sylvie soit
gantière ; 76. *Funambules* : théâtre parisien où se jouaient des pièces adaptées
par Nodier ainsi que des séances de mimes.

70 flambé[77], qui criait du froissement de sès plis. « Je veux essayer
si cela m'ira, dit-elle. Ah! je vais avoir l'air d'une vieille fée! »

« La fée des légendes éternellement jeune!... » dis-je en moi-
même. — Et déjà Sylvie avait dégrafé sa robe d'indienne et
la laissait tomber à ses pieds. La robe étoffée de la vieille tante
75 s'ajusta parfaitement sur la taille mince de Sylvie, qui me dit
de l'agrafer. « Oh! les manches plates, que c'est ridicule! »
dit-elle. Et cependant les sabots[78] garnis de dentelles décou-
vraient admirablement ses bras nus, la gorge s'encadrait dans
le pur corsage aux tulles jaunis, aux rubans passés, qui n'avait
80 serré que bien peu les charmes évanouis de la tante. « Mais
finissez-en! Vous ne savez donc pas agrafer une robe? » me
disait Sylvie. Elle avait l'air de l'accordée de village de Greuze.
« Il faudrait de la poudre, dis-je. — Nous allons en trouver. »
Elle fureta de nouveau dans les tiroirs. Oh! que de richesses!
85 que cela sentait bon, comme cela brillait, comme cela chatoyait
de vives couleurs et de modeste clinquant; deux éventails de
nacre un peu cassés, des boîtes de pâte à sujets chinois, un collier d'ambre et mille fanfreluches, parmi lesquelles éclataient
deux petits souliers de droguet[79] blanc avec des boucles incrus-
90 tées de diamants d'Irlande! « Oh! je veux les mettre, dit Sylvie,
si je trouve les bas brodés! »

Un instant après, nous déroulions des bas de soie rose tendre
à coins verts; mais la voix de la tante, accompagnée du frémis-
sement de la poêle, nous rappela soudain à la réalité. « Descen-
95 dez vite! » dit Sylvie, et quoi que je pusse dire, elle ne me
permit pas de l'aider à se chausser. Cependant la tante venait
de verser dans un plat le contenu de la poêle, une tranche de
lard frite avec des œufs. La voix de Sylvie me rappela bientôt.
« Habillez-vous vite! » dit-elle, et entièrement vêtue elle-même,
100 elle me montra les habits de noces du garde-chasse réunis sur
la commode. En un instant, je me transformai en marié de
l'autre siècle. Sylvie m'attendait sur l'escalier, et nous descendîmes tous deux en nous tenant par la main. La tante poussa
un cri en se retournant : « Ô mes enfants! » dit-elle, et elle
105 se mit à pleurer, puis sourit à travers ses larmes. — C'était
l'image de sa jeunesse, — cruelle et charmante apparition! Nous
nous assîmes auprès d'elle, attendris et presque graves, puis la

---

77. *Taffetas flambé* : tissu scyeux dont le dessin imite les flammes; l'indienne (ligne 73) est un coton imprimé ou peint originaire des Indes;
78. *Sabot* : revers de manche; 79. *Droguet* : tissu tramé de laine, sur chaîne
de coton ou de fil.

gaieté nous revint bientôt, car, le premier moment passé, la
bonne vieille ne songea plus qu'à se rappeler les fêtes pom-
110 peuses de sa noce. Elle retrouva même dans sa mémoire les
chants alternés, d'usage alors, qui se répondaient d'un bout à
l'autre de la table nuptiale, et le naïf épithalame[80] qui accompa-
gnait les mariés rentrant après la danse. Nous répétions ces
strophes si simplement rythmées, avec les hiatus et les asso-
115 nances du temps ; amoureuses et fleuries comme le cantique
de l'Ecclésiaste[81] ; — nous étions l'époux et l'épouse pour tout
un beau matin d'été. **(7)**

VII. — Châalis

Il est quatre heures du matin ; la route plonge dans un pli
de terrain ; elle remonte. La voiture va passer à Orry, puis à
La Chapelle. A gauche, il y a une route qui longe le bois

---

80. *Épithalame* : poème composé à l'occasion d'un mariage à la louange des
époux (le mot est masculin) ; 81. *L'Ecclésiaste* : livre de l'Ancien Testament
attribué à Salomon et qui développe la maxime « Vanité des vanités, tout est
vanité ».

─────── **QUESTIONS** ───────

7. SUR LE CHAPITRE « OTHYS ». — Aucun chapitre n'illustre mieux
la remarque de Marcel Proust : « La couleur de Sylvie c'est une couleur
pourpre... À tout moment ce rappel de rouge revient, rires, foulards
rouges, etc. Et ce nom lui-même pourpré de ses deux *i* — Sylvie, la vraie
fille du feu. » Vous montrerez la justesse de cette analyse à partir du
texte lui-même.

— Une scène de genre : relevez dans le récit des détails qui contribuent
à ancrer cet épisode dans la réalité. Pour quelles raisons ? Tentez cependant de discerner les divers tons intimement mêlés qui peuvent caractériser le récit d'un point de vue : sentimental, rustique, aventure...
Montrez en particulier l'influence de la littérature sentimentaliste de la
fin du XVIIIᵉ siècle dans l'ensemble du passage (Rousseau, Diderot,
Restif, etc.).

— La présence du temps : non pas présence directe, mais incidence
signifiante sur le déroulement du texte (voir, en particulier, les lignes 50,
62, 101, 106-113). La *tante* : son rôle véritable et sa fonction référentielle.

— Une « illusion de bonheur » : l'importance de cette scène dans la
mythologie nervalienne (voir la Documentation thématique, pp. 155 et
suivantes) et dans la totalité close du récit présent. Montrez qu'il s'agit
d'une scène en trompe l'œil et qu'elle participe du rêve, et non de la
réalité.

— Un chapitre de bascule : vous commenterez la remarque de
Georges Poulet sur la position pivotale du chapitre : « Il commence au
moment où la réalité paraît définitivement triomphante. [...] Mais, encore
une fois, la figure distincte, apaisante et raisonnable, qui apparaît alors
aux yeux de Gérard, est la Sylvie d'un souvenir. »

d'Hallate. C'est par là qu'un soir le frère de Sylvie m'a conduit
5 dans sa carriole à une solennité du pays. C'était, je crois, le
soir de la Saint-Barthélemy[82]. A travers les bois, par des routes
peu frayées, son petit cheval volait comme au sabbat. Nous
rattrapâmes le pavé à Mont-l'Évêque, et quelques minutes plus
tard nous nous arrêtions à la maison du garde, à l'ancienne
10 abbaye de Châalis. — Châalis, encore un souvenir !

Cette vieille retraite des empereurs n'offre plus à l'admiration que les ruines de son cloître aux arcades byzantines, dont
la dernière rangée se découpe encore sur les étangs, — reste
oublié des fondations pieuses comprises parmi ces domaines
15 qu'on appelait autrefois les métairies de Charlemagne. La religion, dans ce pays isolé du mouvement des routes et des villes,
a conservé des traces particulières du long séjour qu'y ont fait
les cardinaux de la maison d'Este à l'époque des Médicis : ses
attributs et ses usages ont encore quelque chose de galant
20 et de poétique, et l'on respire un parfum de la Renaissance
sous les arcs des chapelles à fines nervures, décorées par les
artistes de l'Italie. Les figures des saints et des anges se profilent
en rose sur les voûtes peintes d'un bleu tendre, avec des airs
d'allégorie païenne qui font songer aux sentimentalités de
25 Pétrarque[83] et au mysticisme fabuleux de Francesco Colonna[84].

Nous étions des intrus, le frère de Sylvie et moi, dans la fête
particulière qui avait lieu cette nuit-là. Une personne de très
illustre naissance, qui possédait alors ce domaine, avait eu l'idée
d'inviter quelques familles du pays à une sorte de représenta-
30 tion allégorique où devaient figurer quelques pensionnaires d'un
couvent voisin. Ce n'était pas une réminiscence des tragédies
de Saint-Cyr[85], cela remontait aux premiers essais lyriques
importés en France du temps des Valois. Ce que je vis jouer
était comme un mystère des anciens temps. Les costumes,
35 composés de longues robes, n'étaient variés que par les couleurs

---

82. *Saint-Barthélemy*. Dans la « Huitième Lettre » d'*Angélique*, Gérard
écrit : « La fête principale, dans certaines localités, est la Saint-Barthélemy.
C'est pour ce jour que sont fondés surtout de grands prix pour le tir à l'arc » ;
83. *Pétrarque* : poète italien (1304-1374) aux talents variés, dont la célébrité
ne repose aujourd'hui que sur ses poésies en langue vulgaire composées en
l'honneur de Laure ; **84.** L'Italien *Francesco Colonna* est l'auteur de l'*Hypné-
rotomachie* ou *Combat du rêve et de l'amour*, poème connu généralement sous
le titre de *Songe de Poliphile* (traduit en français en 1546 et en 1554) ; **85.** A la
Maison royale de Saint-Louis, fondée à Saint-Cyr, en 1686, par Mme de Maintenon, étaient élevées deux cent cinquante jeunes filles appartenant à la
noblesse pauvre. On y donnait une grande place aux divertissements, aux
représentations dramatiques. C'est pour les élèves de Saint-Cyr que Racine,
sur la demande de Mme de Maintenon, composa *Esther* et *Athalie*.

de l'azur, de l'hyacinthe[86] ou de l'aurore. La scène se passait
entre les anges, sur les débris du monde détruit. Chaque voix
chantait une des splendeurs de ce globe éteint, et l'ange de la
mort définissait les causes de sa destruction. Un esprit montait
40 de l'abîme, tenant en main l'épée flamboyante, et convoquait
les autres à venir admirer la gloire du Christ vainqueur des
enfers. Cet esprit, c'était Adrienne transfigurée par son costume,
comme elle l'était déjà par sa vocation. Le nimbe de carton
doré qui ceignait sa tête angélique nous paraissait bien natu-
45 rellement un cercle de lumière ; sa voix avait gagné en force
et en étendue, et les fioritures infinies du chant italien brodaient
de leurs gazouillements d'oiseau les phrases sévères d'un récitatif[87] pompeux.

En me retraçant ces détails, j'en suis à me demander s'ils
50 sont réels, ou bien si je les ai rêvés. Le frère de Sylvie était un
peu gris ce soir-là. Nous nous étions arrêtés quelques instants
dans la maison du garde, — où, ce qui m'a frappé beaucoup,
il y avait un cygne[88] éployé sur la porte, puis au-dedans de
hautes armoires en noyer sculpté, une grande horloge dans sa
55 gaine, et des trophées d'arcs et de flèches d'honneur au-dessus
d'une carte de tir rouge et verte. Un nain bizarre, coiffé d'un
bonnet chinois, tenant d'une main une bouteille et de l'autre
une bague, semblait inviter les tireurs à viser juste. Ce nain,
je le crois bien, était en tôle découpée. Mais l'apparition
60 d'Adrienne est-elle aussi vraie que ces détails et que l'existence
incontestable de l'abbaye de Châalis ? Pourtant c'est bien le fils
du garde qui nous avait introduits dans la salle où avait lieu la
représentation ; nous étions près de la porte, derrière une nom-
breuse compagnie assise et gravement émue. C'était le jour
65 de la Saint-Barthélemy, — singulièrement lié au souvenir des
Médicis, dont les armes accolées à celles de la maison d'Este
décoraient ces vieilles murailles... Ce souvenir est une obsession
peut-être[89] ! — Heureusement voici la voiture qui s'arrête sur

---

86. *L'hyacinthe* : pierre précieuse d'un jaune rougeâtre que Baudelaire
« mettra en scène » dans l' « Invitation au voyage » :

> Les soleils couchants
> Revêtant les champs,
> Les canaux, la ville entière
> D'hyacinthe et d'or ;

87. *Récitatif* : sorte de chant qui imite la déclamation parlée ; 88. Sur la signification du symbole, voir la note 66, chapitre IV ; 89. Nerval, qui s'intéressait
au symbolisme héraldique, a souvent parlé des armoiries de la villa d'Este
(voir sa note à la fin d'*Angélique*), et y fera encore allusion au chapitre XI
(ligne 25).

la route du Plessis; j'échappe au monde des rêveries, et je n'ai
⁷⁰ plus qu'un quart d'heure de marche pour gagner Loisy par des
routes bien peu frayées. **(8)**

VIII. — LE BAL DE LOISY

Je suis entré au bal de Loisy à cette heure mélancolique et
douce encore où les lumières pâlissent et tremblent aux
approches du jour. Les tilleuls, assombris par en bas, prenaient
à leurs cimes une teinte bleuâtre. La flûte champêtre ne luttait
⁵ plus si vivement avec les trilles du rossignol. Tout le monde était
pâle, et dans les groupes dégarnis j'eus peine à rencontrer des
figures connues. Enfin j'aperçus la grande Lise, une amie de
Sylvie. Elle m'embrassa. « Il y a longtemps qu'on ne t'a vu,
Parisien! dit-elle. — Oh! oui, longtemps. — Et tu arrives à
¹⁰ cette heure-ci? — Par la poste. — Et pas trop vite! — Je
voulais voir Sylvie; est-elle encore au bal? — Elle ne sort qu'au
matin; elle aime tant à danser. »

En un instant, j'étais à ses côtés. Sa figure était fatiguée;
cependant son œil noir brillait toujours du sourire athénien
¹⁵ d'autrefois. Un jeune homme se tenait près d'elle. Elle lui fit

─────── **QUESTIONS** ───────

8. SUR LE CHAPITRE « CHÂALIS ». — Avec le chapitre VII se clôt la
première partie du récit : on en montrera la cohérence interne du point
de vue narratif et psychologique. Quel bilan peut être porté sur l'ensemble de cette partie par le narrateur lui-même? L'importance de la
voiture (ligne 4) pour la transition romanesque (voir Notice).

— La transfiguration d'Adrienne : au centre de ce chapitre se dresse
une nouvelle fois la figure d'Adrienne. On soulignera dans la mise en
scène du passage tout ce qui rapproche l'héroïne de l'actrice du chapitre premier (voix, jeux de lumière, réalisation ou irréalisation du personnage, etc.). En quoi l'équation du chapitre III (lignes 1-17) trouve-t-elle
ici son prolongement fondamental? Dans quel sens?

— Le *monde des rêveries* : le récit se situe dans une atmosphère de
fantastique (hésitation du lecteur et du narrateur poursuivie jusqu'au
bout du texte par l'interrogation de la ligne 60) : tentez d'en cerner les
procédés de mise en valeur tant du point de vue du décor extérieur que
du point de vue purement subjectif.

— Un texte de faiblesse ou une page régénératrice : on opposera les
deux jugements suivants. Pour Raymond Jean, ce chapitre « manifeste
une fois de plus l'impuissance de Gérard à se détacher des images de
l'enfance ». Pour Georges Poulet, c'est « le dernier et le plus ardent des
chapitres du souvenir ». Y a-t-il opposition de fond ou divergence sur
l'optique d'interprétation du texte?

signe qu'elle renonçait à la contredanse suivante. Il se retira
en saluant.

Le jour commençait à se faire. Nous sortîmes du bal, nous
tenant par la main. Les fleurs de la chevelure de Sylvie se pen-
chaient dans ses cheveux dénoués; le bouquet de son corsage
s'effeuillait aussi sur les dentelles fripées, savant ouvrage de
sa main. Je lui offris de l'accompagner chez elle. Il faisait grand
jour, mais le temps était sombre. La Thève bruissait à notre
gauche, laissant à ses coudes des remous d'eau stagnante où
s'épanouissaient les nénuphars jaunes et blancs, où éclatait
comme des pâquerettes la frêle broderie des étoiles d'eau. Les
plaines étaient couvertes de javelles et de meules de foin, dont
l'odeur me portait à la tête sans m'enivrer, comme faisait
autrefois la fraîche senteur des bois et des halliers d'épines
fleuries.

Nous n'eûmes pas l'idée de les traverser de nouveau.
— Sylvie, lui dis-je, vous ne m'aimez plus! — Elle soupira.
— Mon ami, me dit-elle, il faut se faire une raison; les choses
ne vont pas comme nous voulons dans la vie. Vous m'avez
parlé autrefois de *la Nouvelle Héloïse*, je l'ai lue, et j'ai frémi
en tombant d'abord sur cette phrase : « Toute jeune fille qui
lira ce livre est perdue[90]. » Cependant j'ai passé outre, me fiant
sur ma raison. Vous souvenez-vous du jour où nous avons
revêtu les habits de noces de la tante?... Les gravures du livre
présentaient aussi les amoureux sous de vieux costumes du
temps passé, de sorte que pour moi vous étiez Saint-Preux, et
je me retrouvais dans Julie. Ah! que n'êtes-vous revenu alors!
Mais vous étiez, disait-on, en Italie[91]. Vous en avez vu là de
bien plus jolies que moi! — Aucune, Sylvie, qui ait votre
regard et les traits purs de votre visage. Vous êtes une nymphe
antique que vous ignorez. D'ailleurs, les bois de cette contrée
sont aussi beaux que ceux de la campagne romaine. Il y a là-bas
des masses de granit non moins sublimes, et une cascade qui
tombe du haut des rochers comme celle de Terni. Je n'ai rien
vu là-bas que je puisse regretter ici. — Et à Paris? dit-elle.
— A Paris...

Je secouai la tête sans répondre.

---

90. Citation approximative. Le texte de Jean-Jacques porte : « Jamais fille
chaste n'a lu de romans. [...] Celle qui, malgré ce titre, en osera lire une seule
page est une fille perdue [...] » ; 91. Au cours de l'année 1834, Gérard avait
visité l'Italie.

Tout à coup je pensai à l'image vaine qui m'avait égaré si longtemps.

55 — Sylvie, dis-je, arrêtons-nous ici, le voulez-vous?

Je me jetai à ses pieds; je confessai en pleurant à chaudes larmes mes irrésolutions, mes caprices; j'évoquai le spectre funeste qui traversait ma vie.

— Sauvez-moi! ajoutai-je, je reviens à vous pour toujours.

60 Elle tourna vers moi ses regards attendris...

En ce moment, notre entretien fut interrompu par de violents éclats de rire. C'était le frère de Sylvie qui nous rejoignait avec cette bonne gaieté rustique, suite obligée d'une nuit de fête, que des rafraîchissements nombreux avaient développée outre 65 mesure. Il appelait le galant du bal, perdu au loin dans les buissons d'épines et qui ne tarda pas à nous rejoindre. Ce garçon n'était guère plus solide sur ses pieds que son compagnon, il paraissait plus embarrassé encore de la présence d'un Parisien que de celle de Sylvie. Sa figure candide, sa déférence mêlée 70 d'embarras m'empêchaient de lui en vouloir d'avoir été le danseur pour lequel on était resté si tard à la fête. Je le jugeais peu dangereux.

— Il faut rentrer à la maison, dit Sylvie à son frère. A tantôt! me dit-elle en me tendant la joue.

75 L'amoureux ne s'offensa pas. (9)

───── **QUESTIONS** ─────

9. SUR LE CHAPITRE « LE BAL DE LOISY ». — L'art des dissonances est important dans ces deux pages : on en montrera la signification et l'on s'attachera surtout à relever les divers éléments qui marquent le début de la dégradation du rêve. Vous soulignerez l'évolution des thèmes dans la pensée du narrateur.

— Le changement de décor : Ross Chambers a opposé dans *Sylvie* le « voyage diurne » au « voyage nocturne ». Vous soulignerez la justesse de cette remarque en notant l'évolution des précisions temporelles dans le chapitre : quel est le résultat de l'effet des convergences ? Ne peut-on toutefois dire que le narrateur tente encore de s'accrocher à son monde nocturne de rêves en introduisant dans le décor des effets de feutrage (ligne 23) ?

— Sylvie en marche vers son destin : comment se marque dans le récit la dégradation du personnage ? À quel passage précédent correspond le rapide portrait des lignes 13-15 ? Apparaît aussi à côté de l'héroïne un personnage qui se précise peu à peu : son rôle dans la conduite du récit ? Les modalités de présentation : effets produits ?

— On s'interrogera sur les sentiments du narrateur à l'égard de Sylvie à partir de la remarque de Georges Poulet : « Il sent que celle qui se trouve à ses côtés est à la fois la même et différente. »

rêve + réalité

narratif

IX. — ERMENONVILLE

Je n'avais nulle envie de dormir. J'allai à Montagny[92] pour revoir la maison de mon oncle. Une grande tristesse me gagna dès que j'en entrevis la façade jaune et les contrevents verts. Tout semblait dans le même état qu'autrefois ; seulement il
5 fallut aller chez le fermier pour avoir la clef de la porte. Une fois les volets ouverts, je revis avec attendrissement les vieux meubles conservés dans le même état et qu'on frottait de temps en temps, la haute armoire de noyer, deux tableaux flamands qu'on disait l'ouvrage d'un ancien peintre, notre aïeul ; de
10 grandes estampes d'après Boucher[93], et toute une série encadrée de gravures de l'*Émile* et de *la Nouvelle Héloïse*, par Moreau[94] ; sur la table, un chien empaillé que j'avais connu vivant, ancien compagnon de mes courses dans les bois, le dernier carlin[95] peut-être, car il appartenait à cette race perdue.

15 — Quant au perroquet[96], me dit le fermier, il vit toujours ; je l'ai retiré chez moi.

Le jardin présentait un magnifique tableau de végétation sauvage. J'y reconnus, dans un angle, un jardin d'enfant que j'avais tracé jadis. J'entrai tout frémissant dans le cabinet, où
20 se voyait encore la petite bibliothèque pleine de livres choisis, vieux amis de celui qui n'était plus, et sur le bureau quelques débris antiques trouvés dans son jardin, des vases, des médailles romaines, collection locale qui le rendait heureux.

— Allons voir le perroquet, dis-je au fermier. — Le perro-
25 quet demandait à déjeuner comme en ses plus beaux jours, et me regarda de cet œil rond, bordé d'une peau chargée de rides, qui fait penser au regard expérimenté des vieillards.

Plein des idées tristes qu'amenait ce retour tardif en des lieux si aimés, je sentis le besoin de revoir Sylvie, seule figure vivante
30 et jeune encore qui me rattachât à ce pays. Je repris la route de Loisy. C'était au milieu du jour ; tout le monde dormait, fati-

---

92. Voir la note 67, chapitre v ; 93. *François Boucher* (1703-1770) a peint des pastorales, des « fêtes galantes ». On songe à quatre compositions décoratives de Boucher représentant *les Aventures d'Aminthe et de Sylvie* (sujet tiré de l'*Aminta* du Tasse) : ces peintures, dont deux se trouvent au musée de Tours, ont été reproduites par la gravure ; 94. *Jean-Michel Moreau*, dit « Moreau le Jeune » (1741-1814), a gravé pour les œuvres de J.-J. Rousseau une série d'estampes célèbres ; 95. *Carlin* : petit chien à museau noir et écrasé ; 96. *Le perroquet* représente, dans le *Dictionnaire de poétique et de rhétorique*, le symbole des « connaissances purement mémorielles ».

gué de la fête. Il me vint l'idée de me distraire par une promenade à Ermenonville, distant d'une lieue par le chemin de la
forêt. C'était par un beau temps d'été. Je pris plaisir d'abord à
35 la fraîcheur de cette route qui semble l'allée d'un parc. Les
grands chênes d'un vert uniforme n'étaient variés que par les
troncs blancs des bouleaux au feuillage frissonnant. Les oiseaux
se taisaient, et j'entendais seulement le bruit que fait le pivert
en frappant les arbres pour y creuser son nid. Un instant, je
40 risquai de me perdre, car les poteaux dont les palettes annoncent
diverses routes n'offrent plus, par endroits, que des caractères
effacés. Enfin, laissant le *Désert* à gauche, j'arrivai au rond-
point de la danse, où subsiste encore le banc des vieillards. Tous
les souvenirs de l'antiquité philosophique, ressuscités par
45 l'ancien possesseur du domaine, me revenaient en foule devant
cette réalisation pittoresque de l'*Anacharsis*[97] et de l'*Émile*[98].

Lorsque je vis briller les eaux du lac à travers les branches
des saules et des coudriers, je reconnus tout à fait un lieu où
mon oncle, dans ses promenades, m'avait conduit bien des fois :
50 c'est le *Temple de la philosophie*, que son fondateur n'a pas
eu le bonheur de terminer. Il a la forme du temple de la sibylle
Tiburtine[99], et, debout encore, sous l'abri d'un bouquet de pins,
il étale tous ces grands noms de la pensée qui commencent par
Montaigne et Descartes, et qui s'arrêtent à Rousseau. Cet édifice
55 inachevé n'est déjà plus qu'une ruine, le lierre le festonne avec
grâce, la ronce envahit les marches disjointes. Là, tout enfant,
j'ai vu des fêtes où les jeunes filles vêtues de blanc venaient recevoir des prix d'étude et de sagesse. Où sont les buissons de roses
qui entouraient la colline ? L'églantier et le framboisier en
60 cachent les derniers plants, qui retournent à l'état sauvage.
— Quant aux lauriers, les a-t-on coupés, comme le dit la
chanson des jeunes filles qui ne veulent plus aller au bois ? Non,
ces arbustes de la douce Italie ont péri sous notre ciel brumeux.
Heureusement le troène de Virgile fleurit encore[100], comme pour
65 appuyer la parole du maître inscrite au-dessus de la porte :
Rerum cognoscere causas[101] ! — Oui, ce temple tombe comme

---

97. *Le Voyage du jeune Anacharsis en Grèce* (1788), de l'abbé Barthélemy (1776-1795), est un roman archéologique dont le succès fut immense au XIXᵉ siècle ; **98.** *Émile ou De l'éducation* (1762) est un énorme traité théorique dans lequel Rousseau lui-même voyait surtout « les rêveries d'un visionnaire sur l'éducation » ; **99.** C'est-à-dire la forme ronde du temple de Tivoli ; **100.** Allusion aux *Bucoliques* (II, 17-18), dans lesquelles Virgile vante son troène enchanté ; **101.** Citation extraite des *Géorgiques* (II, 490) et signifiant « connaître la raison des choses ».

tant d'autres, les hommes oublieux ou fatigués se détourneront
de ses abords, la nature indifférente reprendra le terrain que
l'art lui disputait; mais la soif de connaître restera éternelle[102],
70 mobile de toute force et de toute activité!

Voici les peupliers de l'île, et la tombe de Rousseau, vide
de ses cendres. Ô sage! tu nous avais donné le lait des forts,
et nous étions trop faibles pour qu'il pût nous profiter. Nous
avons oublié tes leçons que savaient nos pères, et nous avons
75 perdu le sens de ta parole, dernier écho des sagesses antiques.
Pourtant ne désespérons pas, et, comme tu fis à ton suprême
instant, tournons nos yeux vers le soleil!

J'ai revu le château, les eaux paisibles qui le bordent, la
cascade qui gémit dans les roches, et cette chaussée réunissant
80 les deux parties du village, dont quatre colombiers marquent
les angles, la pelouse qui s'étend au-delà comme une savane,
dominée par des coteaux ombreux; la tour de Gabrielle[103] se
reflète de loin sur les eaux d'un lac factice étoilé de fleurs éphémères; l'écume bouillonne, l'insecte bruit... Il faut échapper
85 à l'air perfide qui s'exhale en gagnant les grès poudreux du
désert et les landes où la bruyère rose relève le vert des fou-
gères. Que tout cela est solitaire et triste! Le regard enchanté
de Sylvie, ses courses folles, ses cris joyeux, donnaient autrefois
tant de charme aux lieux que je viens de parcourir! C'était
90 encore une enfant sauvage, ses pieds étaient nus, sa peau hâlée,
malgré son chapeau de paille, dont le large ruban flottait pêle-
mêle avec ses tresses de cheveux noirs. Nous allions boire du
lait à la ferme suisse, et l'on me disait : « Qu'elle est jolie, ton
amoureuse, petit Parisien! » Oh! ce n'est pas alors qu'un paysan
95 aurait dansé avec elle! Elle ne dansait qu'avec moi, une fois
par an, à la fête de l'arc. (10)

---

102. Voir l'*Épitaphe* en vers, page 129; **103.** Détruite sous la Révolution,
la *tour de Gabrielle* d'Estrées (favorite d'Henri IV) n'a pu être vue par
Gérard : il s'agit là aussi d'une poétisation du paysage pour brouiller les pistes.

■ QUESTIONS

10. Sur le chapitre « Ermenonville ». — Chapitre narratif qui
marque l'élargissement définitif de la faille qui sépare le rêve de la
réalité dans l'expérience du narrateur. Sur quels aspects porte essentiellement la dégradation du chapitre? Une pérégrination sans fin : chacun
des lieux que visite le narrateur tient pour lui par un élément précieux.
Or, il apparaît qu'aucun n'est suffisamment puissant pour le retenir :
quelles raisons à cela?

(*Suite*, v. p. 73.)

X. — LE GRAND FRISÉ

J'ai repris le chemin de Loisy; tout le monde était réveillé. Sylvie avait une toilette de demoiselle, presque dans le goût de la ville. Elle me fit monter à sa chambre avec toute l'ingénuité d'autrefois. Son œil étincelait toujours dans un sourire plein de charme, mais l'arc prononcé de ses sourcils lui donnait par instants un air sérieux. La chambre était décorée avec simplicité, pourtant les meubles étaient modernes, une glace à bordure dorée avait remplacé l'antique trumeau[104], où se voyait un berger d'idylle offrant un nid à une bergère bleue et rose. Le lit à colonnes chastement drapé de vieille perse à ramage[105] était remplacé par une couchette de noyer garnie du rideau à flèche; à la fenêtre, dans la cage où jadis étaient les fauvettes, il y avait des canaris. J'étais pressé de sortir de cette chambre où je ne trouvais rien du passé. « Vous ne travaillerez point à votre dentelle aujourd'hui?... dis-je à Sylvie. — Oh! je ne fais plus de dentelle, on n'en demande plus dans le pays; même à Chantilly, la fabrique est fermée. — Que faites-vous donc? — Elle alla chercher dans un coin de la chambre un instrument en fer qui ressemblait à une longue pince. — Qu'est-ce que c'est que cela? — C'est ce qu'on appelle la mécanique; c'est pour maintenir la peau des gants afin de les coudre. — Ah! vous êtes

---

104. *Trumeau :* espace mural entre deux fenêtres et, par extension, revêtement de menuiserie qui occupe cet espace; 105. *Ramage :* représentation de branchage ou de feuillage sur une étoffe.

QUESTIONS

— Une fausse expérience : on comparera le début du chapitre (lignes 1-34) avec la fin du chapitre premier. Dans un cas, le narrateur découvre « une grande tristesse »; dans l'autre, il avait trouvé, sans que cela fût précisé, une foule d' « impressions » joyeuses : quelle raison explique ce changement? Voir également Proust et l'épisode de la petite madeleine : « Je bois une seconde gorgée où je ne trouve rien de plus que dans la première, une troisième qui m'apporte un peu moins que la seconde. Il est temps que je m'arrête, la vertu du breuvage semble diminuer. »

— La destruction de la nature : on l'analysera à partir des touches imperceptibles introduites par le narrateur (lignes 55-70) ou des notations systématiquement négatives de l'échafaudage du rêve (chap. II, III, VI). L'impression finale du narrateur (lignes 84-87) n'est-elle pas en soi une abdication de ses folies premières?

— « Tout est perdu : la mort et la vie, le souvenir et le rêve se confondent — et dans une même absence » : appliquez cette remarque de G. Picon à l'ensemble du chapitre.

gantière, Sylvie ? — Oui, nous travaillons ici pour Dammartin, cela donne beaucoup dans ce moment; mais je ne fais rien aujourd'hui; allons où vous voudrez. Je tournais les yeux vers
25 la route d'Othys : elle secoua la tête; je compris que la vieille tante n'existait plus. Sylvie appela un petit garçon et lui fit seller un âne. — Je suis encore fatiguée d'hier, dit-elle, mais la promenade me fera du bien; allons à Châalis. » Et nous voilà traversant la forêt, suivis du petit garçon armé d'une branche.
30 Bientôt Sylvie voulut s'arrêter, et je l'embrassai en l'engageant à s'asseoir. La conversation entre nous ne pouvait plus être bien intime. Il fallut lui raconter ma vie à Paris, mes voyages...
— Comment peut-on aller si loin ? dit-elle. — Je m'en étonne en vous revoyant. — Oh ! cela se dit ! — Et convenez que vous
35 étiez moins jolie autrefois. — Je n'en sais rien. — Vous souvenez-vous du temps où nous étions enfants et vous la plus grande ? — Et vous le plus sage ! — Oh ! Sylvie ! — On nous mettait sur l'âne chacun dans un panier. — Et nous ne nous disions pas *vous*... Te rappelles-tu que tu m'apprenais à pêcher
40 des écrevisses sous les ponts de la Thève et de la Nonette ?
— Et toi, te souviens-tu de ton frère de lait, qui t'a un jour retiré de *l'ieau*. — Le *grand frisé* ! c'est lui qui m'avait dit qu'on pouvait la passer... *l'ieau*[106] !

Je me hâtai de changer la conversation. Ce souvenir m'avait
45 vivement rappelé l'époque où je venais dans le pays, vêtu d'un petit habit à l'anglaise qui faisait rire les paysans. Sylvie seule me trouvait bien mis; mais je n'osais lui rappeler cette opinion d'un temps si ancien. Je ne sais pourquoi ma pensée se porta sur les habits de noces que nous avions revêtus chez la vieille

---

106. Aventure relatée un peu différemment dans *la Bohème galante* : « Mon ami Sylvain me dit : « Te souviens-tu du temps où nous parcourions ces bois, quand tes parents te laissaient venir chez nous ? [...] Quand nous allions tirer les écrevisses des pierres, sous les ponts de la Nonette et de l'Oise [...] tu avais soin d'ôter tes bas et tes souliers, et on t'appelait petit Parisien. — Je me souviens, lui dis-je, que tu m'as abandonné une fois dans le danger. C'était au remous de la Thève, vers Neufmoulin; je voulais absolument passer l'eau pour revenir par un chemin plus court chez ma nourrice. Tu me dis : on peut passer. Les longues herbes et cette écume verte qui surnage dans les coudes de nos rivières me donnèrent l'idée que l'endroit n'était pas profond. Je descends le premier. Puis je fis un plongeon dans sept pieds d'eau. Alors tu t'enfuis craignant d'être accusé d'avoir laissé *se noyer le petit Parisien* [...]. Mais ta sœur, ta sœur qui nous suivait, pauvre petite fille ! Pendant que je m'abîmais les mains en me retenant, après mon plongeon, aux feuilles coupantes des iris, se mit à plat ventre sur la rive et me tira par les cheveux de toute sa force. — Pauvre Sylvie ! dit en pleurant mon ami. » Il en existe également un autre rappel dans *Promenades et souvenirs* : « [...] de l'autre côté de la forêt coule sa sœur la Thève, où je me suis presque noyé pour n'avoir pas voulu paraître poltron devant la petite Célénie ! »

50 tante à Othys. Je demandai ce qu'ils étaient devenus. — Ah! la
bonne tante, dit Sylvie, elle m'avait prêté sa robe pour aller
danser au carnaval de Dammartin, il y a de cela deux ans.
L'année d'après, elle est morte, la pauvre tante!

55 Elle soupirait et pleurait si bien que je ne pus lui demander
par quelle circonstance elle était allée à un bal masqué; mais,
grâce à ses talents d'ouvrière, je comprenais assez que Sylvie
n'était plus une paysanne. Ses parents seuls étaient restés dans
leur condition, et elle vivait au milieu d'eux comme une fée
industrieuse, répandant l'abondance autour d'elle. **(11)**

XI. — RETOUR

La vue se découvrait au sortir du bois. Nous étions arrivés
au bord des étangs de Châalis. Les galeries du cloître, la chapelle aux ogives élancées, la tour féodale et le petit château
qui abrita les amours d'Henri IV et de Gabrielle se teignaient
5 des rougeurs du soir sur le vert sombre de la forêt. — C'est
un paysage de Walter Scott[107], n'est-ce pas? disait Sylvie. — Et

knowledgeable.

---

107. *Walter Scott* : écrivain et romancier anglais (1771-1832) dont l'influence
fut grande dans la bataille romantique. Son œuvre est une évocation vivante,
sinon exacte, des temps chevaleresques.

---

*HE WANTS no innocent +
ignorant*

■ **QUESTIONS** ■

11. SUR LE CHAPITRE « LE GRAND FRISÉ ». — La fin du désenchante-
ment coïncide avec l'acceptation forcée du réel : on s'efforcera de souligner les ruptures fondamentales dans la cohésion du récit.

— Le retour du plan social : ce passage voit le retour en force des
notations — infimes — de type sociologique. Quel effet produisent-elles
sur le narrateur ? On remarquera dès les premières lignes 6-14 les
notations en relation avec l'univers de Sylvie : comment concourent-elles
à créer une atmosphère de désillusion ? Étudiez les procédés stylistiques
qui permettent au narrateur d'introduire la négation de son rêve. Importance de la conclusion des lignes 57-59.

— Le retour du temps : détruit durant les premiers chapitres, puis
progressivement réintroduit dans les chapitres VIII et IX, le temps paraît
planer comme une inquiétante présence sur ce chapitre. Pourquoi ?
Comment se manifeste-t-il dans le récit ? Étudiez le double aspect de la
dégradation : sociale et physique.

— Le retour du rêve (lignes 44-50) : pourquoi est-il réintroduit à ce
moment précis du récit ? Est-ce, comme le veut Ross Chambers, « une
ultime chance de réconciliation avec la réalité » ? Est-ce le recours à la
magie du paradis perdu pour exorciser le brutal retour dans le
« monde » ? On comparera et on justifiera l'évolution de la référence à
Sylvie (lignes 15-26) avec celle du chapitre VI (ligne 37).

qui vous a parlé de Walter Scott? lui dis-je. Vous avez donc
bien lu depuis trois ans!... Moi, je tâche d'oublier les livres,
et ce qui me charme, c'est de revoir avec vous cette vieille
10 abbaye, où, tout petits enfants, nous nous cachions dans les
ruines. Vous souvenez-vous, Sylvie, de la peur que vous aviez
quand le gardien nous racontait l'histoire des moines rouges?
— Oh! ne m'en parlez pas. — Alors chantez-moi la chanson
de la belle fille enlevée au jardin de son père, sous le rosier
15 blanc. — On ne chante plus cela. — Seriez-vous devenue musi-
cienne? — Un peu. — Sylvie, Sylvie, je suis sûr que vous
chantez des airs d'opéra! — Pourquoi vous plaindre? — Parce
que j'aimais les vieux airs, et que vous ne saurez plus les
chanter.

20 Sylvie modula quelques sons d'un grand air d'opéra
moderne... Elle *phrasait*[108] !

Nous avions tourné les étangs voisins. Voici la verte pelouse,
entourée de tilleuls et d'ormeaux, où nous avons dansé souvent! J'eus l'amour-propre de définir les vieux murs carlovin-
25 giens et de déchiffrer les armoiries de la maison d'Este. — Et
vous! comme vous avez lu plus que moi! dit Sylvie. Vous êtes
donc un savant?

J'étais piqué de son ton de reproche. J'avais jusque-là cherché l'endroit convenable pour renouveler le moment d'expan-
30 sion du matin; mais que lui dire avec l'accompagnement d'un
âne et d'un petit garçon très éveillé, qui prenait plaisir à se rapprocher toujours pour entendre parler un Parisien? Alors j'eus
le malheur de raconter l'apparition de Châalis, restée dans mes
souvenirs. Je menai Sylvie dans la salle même du château où
35 j'avais entendu chanter Adrienne. — Oh! que je vous entende!
lui dis-je; que votre voix chérie résonne sous ces voûtes et en
chasse l'esprit qui me tourmente, fût-il divin ou bien fatal! —
Elle répéta les paroles et le chant après moi :

Anges, descendez promptement
40 Au fond du purgatoire!...

— C'est bien triste! me dit-elle.

---

108. Idée déjà exprimée dans *les Nuits d'octobre* : « Ô jeune fille à la voix
perlée ! — Tu ne sais pas phraser comme au conservatoire ; — Tu ne *sais pas
chanter*, ainsi que dirait un critique musical. »

— C'est sublime... Je crois que c'est du Porpora[109], avec des vers traduits au XVIe siècle.

— Je ne sais pas, répondit Sylvie.

45　Nous sommes revenus par la vallée, en suivant le chemin de Charlepont, que les paysans, peu étymologistes de leur nature, s'obstinent à appeler *Châllepont*. Sylvie, fatiguée de l'âne, s'appuyait sur mon bras. La route était déserte ; j'essayai de parler des choses que j'avais dans le cœur, mais, je ne sais pour-
50　quoi, je ne trouvais que des expressions vulgaires, ou bien tout à coup quelque phrase pompeuse de roman, — que Sylvie pouvait avoir lue. Je m'arrêtais alors avec un goût tout clas-sique, et elle s'étonnait parfois de ces effusions interrompues. Arrivés aux murs de Saint-S..., il fallait prendre garde à notre
55　marche. On traverse des prairies humides où serpentent les ruisseaux. — Qu'est devenue la religieuse ? dis-je tout à coup.

— Ah ! vous êtes terrible avec votre religieuse... Eh bien !... eh bien ! cela a mal tourné.

Sylvie ne voulut pas m'en dire un mot de plus.

60　Les femmes sentent-elles vraiment que telle ou telle parole passe sur les lèvres sans sortir du cœur ? On ne le croirait pas, à les voir si facilement abusées, à se rendre compte des choix qu'elles font le plus souvent : il y a des hommes qui jouent si bien la comédie de l'amour ! Je n'ai jamais pu m'y faire,
65　quoique sachant que certaines acceptent sciemment d'être trompées. D'ailleurs un amour qui remonte à l'enfance est quelque chose de sacré... Sylvie, que j'avais vue grandir, était pour moi comme une sœur. Je ne pouvais tenter une séduction... Une tout autre idée vint traverser mon esprit. — A cette
70　heure-ci, me dis-je, je serais au théâtre... Qu'est-ce qu'Aurélie (c'était le nom de l'actrice) doit donc jouer ce soir ? Evidemment le rôle de la princesse dans le drame nouveau. Oh ! le troisième acte, qu'elle y est touchante !... Et dans la scène d'amour du second ! avec ce jeune premier tout ridé...

75　— Vous êtes dans vos réflexions ? dit Sylvie, et elle se mit à chanter :

> A Dammartin l'y a trois belles filles :
> L'y en a z'une plus belle que le jour...

— Ah ! méchante ! m'écriai-je, vous voyez bien que vous en
80　savez encore des vieilles chansons.

---

109. *Nicola Porpora* : compositeur italien (1686-1767) d'opéras religieux.

— Si vous veniez plus souvent ici, j'en retrouverais, dit-elle, mais il faut songer au solide. Vous avez vos affaires de Paris ; j'ai mon travail ; ne rentrons pas trop tard : il faut que demain je sois levée avec le soleil. **(12)**

XII. — LE PÈRE DODU

J'allais répondre, j'allais tomber à ses pieds, j'allais offrir la maison de mon oncle, qu'il m'était possible encore de racheter, car nous étions plusieurs héritiers, et cette petite propriété était restée indivise ; mais en ce moment nous arrivions à Loisy.
5 On nous attendait pour souper. La soupe à l'oignon répandait au loin son parfum patriarcal. Il y avait des voisins invités pour ce lendemain de fête. Je reconnus tout de suite un vieux bûcheron, le père Dodu, qui racontait jadis aux veillées des histoires si comiques, ou si terribles. Tour à tour berger, mes
10 sager, garde-chasse, pêcheur, braconnier même, le père Dodu fabriquait à ses moments perdus des coucous et des tournebroches. Pendant longtemps il s'était consacré à promener les Anglais dans Ermenonville en les conduisant aux lieux de méditation de Rousseau et en leur racontant ses derniers moments.
15 C'était lui qui avait été le petit garçon que le philosophe employait à classer ses herbes, et à qui il donna l'ordre de cueillir les ciguës dont il exprima le suc dans sa tasse de café

─────── **QUESTIONS** ───────

12. SUR LE CHAPITRE « RETOUR ». — La perte irrémédiable de Sylvie est apportée par ce chapitre : on tentera de montrer comment, consciemment (c'est-à-dire avec des chances de succès nulles), le narrateur s'efforce de conserver l'espoir de confronter le souvenir avec la réalité.
— Sylvie « fendue en deux » : relevez les éléments qui appartiennent à la Sylvie mythique et ceux qui participent du nouveau personnage de la réalité. En particulier, voir la dégradation du personnage à partir de deux thèmes magiques pour le narrateur, Châalis (voir chap. VII) et les romances (voir chap. II). Montrez dès lors comment tout retour au passé salvateur est interdit au narrateur.
— La perte et le souvenir : relevez le retour temporaire de l'enchantement dans le passage. Quel rôle a-t-il à ce moment précis ?
— Le mythe ternaire de la féminité : c'est le second moment où se trouvent confrontées les trois héroïnes dans l'esprit du narrateur. Retrouvez la première tentation de la sorte et justifiez l'évolution. La division entre trois figures est-elle gratuite ou correspond-elle à une réalité mythique et mystique du narrateur ? (On comparera avec les sonnets des *Chimères*.)

au lait[110]. L'aubergiste de *la Croix d'Or* lui contestait ce détail;
de là des haines prolongées. On avait longtemps reproché au
20 père Dodu la possession de quelques secrets bien innocents,
comme de guérir les vaches avec un verset dit à rebours et
le signe de croix figuré du pied gauche, mais il avait de bonne
heure renoncé à ces superstitions, — grâce au souvenir, disait-il,
des conversations de Jean-Jacques.

25 — Te voilà! petit Parisien, me dit le père Dodu. Tu viens
pour débaucher nos filles? — Moi, père Dodu? — Tu les
emmènes dans les bois pendant que le loup n'y est pas? — Père
Dodu, c'est vous qui êtes le loup. — Je l'ai été tant que j'ai
trouvé des brebis; à présent je ne rencontre plus que des
30 chèvres, et qu'elles savent bien se défendre! Mais vous autres,
vous êtes des malins à Paris. Jean-Jacques avait bien raison de
dire: « L'homme se corrompt dans l'air empoisonné des villes. »
— Père Dodu, vous savez trop bien que l'homme se corrompt
partout.

35 Le père Dodu se mit à entonner un air à boire; on voulut
en vain l'arrêter à un certain couplet scabreux que tout le monde
savait par cœur. Sylvie ne voulut pas chanter, malgré nos
prières, disant qu'on ne chantait plus à table. J'avais remarqué
déjà que l'amoureux de la veille était assis à sa gauche. Il y avait
40 je ne sais quoi dans sa figure ronde, dans ses cheveux ébou-
riffés, qui ne m'était pas inconnu. Il se leva et vint derrière ma
chaise en disant: « Tu ne me reconnais donc pas, Parisien? »
Une bonne femme, qui venait de rentrer au dessert, après
nous avoir servis, me dit à l'oreille: « Vous ne reconnaissez pas
45 votre frère de lait? » Sans cet avertissement, j'allais être ridicule. « Ah! c'est toi, *grand frisé!* dis-je, c'est toi, le même qui
m'a retiré de *l'ieau!* » Sylvie riait aux éclats de cette reconnaissance. « Sans compter, disait ce garçon en m'embrassant, que
tu avais une belle montre en argent, et qu'en revenant tu étais
50 bien plus inquiet de ta montre que de toi-même, parce qu'elle
ne marchait plus; tu disais: « *La bête* est *nayée*, ça ne fait
plus tic tac; qu'est-ce que mon oncle va dire?... »

---

110. Nerval avait fait un projet de drame racontant cet épisode légendaire
de la vie de Rousseau. Il le relate ainsi à Dumas (1853): « Rousseau assis
devant une petite cabane, cause avec un jeune enfant. L'enfant va, vient,
apporte des plantes. « Quelle est celle-ci? — C'est de la ciguë. Apporte-moi
toutes celles que tu rencontreras. » [...] Puis, causant avec l'enfant, il exprime
le jus des ciguës dans son café, qu'il boit en caressant l'enfant. [...] Ses tortures
effrayent l'enfant qui fuit. »

— Une bête dans une montre! dit le père Dodu, voilà ce qu'on leur fait croire à Paris, aux enfants!

55 Sylvie avait sommeil, je jugeai que j'étais perdu dans son esprit. Elle remonta à sa chambre, et pendant que je l'embrassais, elle dit . « A demain, venez nous voir! »

Le père Dodu était resté à table avec Sylvain et mon frère de lait; nous causâmes longtemps autour d'un flacon de *rata-* 60 *fiat*[111] de Louvres. « Les hommes sont égaux, dit le père Dodu entre deux couplets, je bois avec un pâtissier comme je ferais avec un prince. — Où est le pâtissier? dis-je. — Regarde à côté de toi! un jeune homme qui a l'ambition de s'établir. »

Mon frère de lait parut embarrassé. J'avais tout compris. — 65 C'est une fatalité qui m'était réservée d'avoir un frère de lait dans un pays illustré par Rousseau, — qui voulait supprimer les nourrices! — Le père Dodu m'apprit qu'il était fort question du mariage de Sylvie avec le *grand frisé*, qui voulait aller former un établissement de pâtisserie à Dammartin. Je n'en deman- 70 dai pas plus. La voiture de Nanteuil-le-Haudoin me ramena le lendemain à Paris. **(13)**

transition

XIII. — AURÉLIE

A Paris! — La voiture met cinq heures. Je n'étais pressé que d'arriver pour le soir. Vers huit heures, j'étais assis dans ma stalle[112] accoutumée; Aurélie répandit son inspiration et son charme sur des vers faiblement inspirés de Schiller, que 5 l'on devait à un talent de l'époque[113]. Dans la scène du jardin,

---

111. *Ratafia* : liqueur composée d'eau-de-vie et de jus de fruits ; 112. *Stalle* : siège isolé et numéroté dans un théâtre ; 113. Il s'agirait de la *Marie Stuart* de P. Lebrun, d'après l'œuvre de Schiller.

——— **QUESTIONS** ———

13. SUR LE CHAPITRE « LE PÈRE DODU ». — Encore une fois, c'est la voiture (ligne 4) qui sert de transition romanesque. Pourquoi marque-t-elle ici la fin des aventures? Ne peut-on voir dans cette utilisation systématique du procédé plus qu'un moyen littéraire?

— Le double aspect du réel : montrez qu'il convient de distinguer le père Dodu des autres personnages secondaires. Pourquoi? Quels aspects de la réalité refusée au narrateur chacun d'eux symbolise-t-il (cf. le thème du « double » est un élément important du mythe nervalien (cf. le *Voyage en Orient* : « Celui qui me ressemble, et l'on va se tromper » et *Aurélia* avec Saturnin) : comment peut-on expliquer psychanalytiquement ce phénomène?

elle devint sublime. Pendant le quatrième acte, où elle ne paraissait pas, j'allai acheter un bouquet chez madame Prévost. J'y insérai une lettre fort tendre signée : *Un inconnu*. Je me dis : Voilà quelque chose de fixé pour l'avenir, — et le lendemain
10 j'étais sur la route d'Allemagne[114].

Qu'allais-je y faire ? Essayer de remettre de l'ordre dans mes sentiments[115]. — Si j'écrivais un roman, jamais je ne pourrais faire accepter l'histoire d'un cœur épris de deux amours simultanées. Sylvie m'échappait par ma faute ; mais la revoir un jour
15 avait suffi pour relever mon âme : je la plaçais désormais comme une statue souriante dans le temple de la Sagesse. Son regard m'avait arrêté au bord de l'abîme. — Je repoussais avec plus de force encore l'idée d'aller me présenter à Aurélie, pour lutter un instant avec tant d'amoureux vulgaires, qui brillaient un
20 instant près d'elle et retombaient brisés. — Nous verrons quelque jour, me dis-je, si cette femme a un cœur[116].

Un matin, je lus dans un journal qu'Aurélie était malade. Je lui écrivis des montagnes de Salzbourg. La lettre était si empreinte de mysticisme germanique que je n'en devais pas
25 attendre un grand succès, mais aussi je ne demandais pas de réponse. Je comptais un peu sur le hasard et sur — l'*inconnu*.

Des mois se passent. A travers mes courses et mes loisirs, j'avais entrepris de fixer dans une action poétique les amours du peintre Colonna pour la belle Laura, que ses parents firent
30 religieuse, et qu'il aima jusqu'à la mort. Quelque chose dans ce sujet se rapportait à mes préoccupations constantes. Le dernier vers du drame écrit, je ne songeai plus qu'à revenir en France[117].

Que dire maintenant qui ne soit l'histoire de tant d'autres ?
35 J'ai passé par tous les cercles de ces lieux d'épreuves qu'on appelle théâtres. « J'ai mangé du tambour et bu de la cymbale », comme dit la phrase dénuée de sens apparent des initiés d'Éleusis[118]. — Elle signifie sans doute qu'il faut au besoin passer les bornes du non-sens et de l'absurdité : la raison pour
40 moi, c'était de conquérir et de fixer mon idéal.

---

114. En 1838, quatre mois après le mariage de Jenny Colon, Gérard visita l'Allemagne en s'occupant du « solide et de l'avenir » ; 115. N'est-ce pas dans une certaine mesure le but de *Sylvie* ? 116. Rappel du début et de la parole de son oncle selon lequel les actrices « n'étaient pas des femmes [...] la nature ayant ôté de leur faire un cœur » ; 117. Le drame ne fut pas écrit en fait ; il le note parmi ses « sujets à traiter » dans la liste de ses œuvres en 1854 ; 118. *Éleusis* : village de la Grèce antique, au nord-ouest d'Athènes. On y célébrait le culte des déesses agricoles : Cérès, Iacchos et Coré.

Aurélie avait accepté le rôle principal dans le drame que je rapportais d'Allemagne[119]. Je n'oublierai jamais le jour où elle me permit de lui lire la pièce. Les scènes d'amour étaient préparées à son intention. Je crois bien que je les dis avec âme,
45 mais surtout avec enthousiasme. Dans la conversation qui suivit, je me révélai comme l'*inconnu* des deux lettres. Elle me dit : — Vous êtes bien fou; mais revenez me voir... Je n'ai jamais pu trouver quelqu'un qui sût m'aimer.

Ô femme! tu cherches l'amour... Et moi, donc?

50 Les jours suivants, j'écrivis les lettres les plus tendres, les plus belles que sans doute elle eût jamais reçues. J'en recevais d'elle qui étaient pleines de raison. Un instant elle fut touchée, m'appela près d'elle, et m'avoua qu'il lui était difficile de rompre un attachement plus ancien. — Si c'est bien *pour moi* que vous
55 m'aimez, dit-elle, vous comprendrez que je ne puis être qu'à un seul.

Deux mois plus tard, je reçus une lettre pleine d'effusion. Je courus chez elle. — Quelqu'un me donna dans l'intervalle un détail précieux. Le beau jeune homme que j'avais rencontré
60 une nuit au cercle venait de prendre un engagement dans les spahis.

L'été suivant, il y avait des courses à Chantilly. La troupe du théâtre où jouait Aurélie donnait là une représentation. Une fois dans le pays, la troupe était pour trois jours aux ordres du
65 régisseur. — Je m'étais fait l'ami de ce brave homme, ancien Dorante des comédies de Marivaux, longtemps jeune premier de drame, et dont le dernier succès avait été le rôle d'amoureux dans la pièce imitée de Schiller, où mon binocle me l'avait montré si ridé. De près, il paraissait plus jeune, et, resté maigre,
70 il produisait encore de l'effet dans les provinces. Il avait du feu. J'accompagnais la troupe en qualité de *seigneur poète;* je persuadai au régisseur d'aller donner des représentations à Senlis et à Dammartin. Il penchait d'abord pour Compiègne; mais Aurélie fut de mon avis. Le lendemain, pendant que l'on
75 allait traiter avec les propriétaires des salles et les autorités, je louai des chevaux, et nous prîmes la route des étangs de Commelle pour aller déjeuner au château de la reine Blanche. Aurélie, en amazone avec ses cheveux blonds flottants, traversait la forêt comme une reine d'autrefois, et les paysans s'arrê-

---

119. Jenny Colon joua dans *Piquillo*.

« Je louai des chevaux, et nous prîmes la route des étangs de Commelle
pour aller déjeuner au château de la reine Blanche »
(page 82, lignes 76-77).

Peinture d'Alfred Dedreux. Paris, musée du Louvre.

(rêve, la marge: realisation of folly)

80 taient éblouis. — Madame de F...[120] était la seule qu'ils eussent
vue si imposante et si gracieuse dans ses saluts. — Après le
déjeuner, nous descendîmes dans des villages rappelant ceux
de la Suisse, où l'eau de la Nonette fait mouvoir des scieries.
Ces aspects chers à mes souvenirs m'intéressaient sans l'arrêter.
85 J'avais projeté de conduire Aurélie au château, près d'Orry, sur
la même place verte où pour la première fois j'avais vu
Adrienne. — Nulle émotion ne parut en elle. Alors je lui
racontai tout ; je lui dis la source de cet amour entrevu dans
les nuits, rêvé plus tard, réalisé en elle. Elle m'écoutait sérieu-
90 sement et me dit : — Vous ne m'aimez pas ! Vous attendez que
je vous dise : La comédienne est la même que la religieuse ;
vous cherchez un drame, voilà tout, et le dénouement vous
échappe. Allez, je ne vous crois plus !

Cette parole fut un éclair. Ces enthousiasmes bizarres que
95 j'avais ressentis si longtemps, ces rêves, ces pleurs, ces désespoirs
et ces tendresses..., ce n'était donc pas l'amour ? Mais où donc
est-il ?

Aurélie joua le soir à Senlis. Je crus m'apercevoir qu'elle
avait un faible pour le régisseur, — le jeune premier ridé. Cet
100 homme était d'un caractère excellent et lui avait rendu des
services.

Aurélie m'a dit un jour : — Celui qui m'aime, le voilà ! **(14)**

---

120. *Madame de F...* C'est ainsi que Gérard cite Sophie Dawes, baronne
Adrien de Feuchères (1790-1840).

━━━ QUESTIONS ━━━

14. SUR LE CHAPITRE « AURÉLIE ». — Retour à Paris, mais aussi retour
sur le roman : on soulignera ce qui manifeste une évolution du narrateur
par la répétition des thèmes entre le chapitre premier et celui-ci. Est-ce
seulement une différence objective, ou bien faut-il y voir le résultat
du rêve qui s'est déroulé dans l'intervalle ?

— La fin du voyage : ce retour à l'actrice est-il purement gratuit ?
En quoi la figure même du personnage-acteur prend-elle maintenant sa
véritable signification symbolique ? L'ouverture vers l'Allemagne
est à relier avec l'ensemble du mythe nervalien (voir surtout *Aurélia*).

— Le roman dans le roman : à étudier sous trois aspects : *a)* le récit
comme fondement de sa propre genèse (à comparer avec la démarche
proustienne à la fin du *Temps retrouvé*) ; *b)* les modalisations du narrateur ; *c)* la vie comme expérience romanesque. On comparera avec
quelques extraits des *Lettres à Aurélia* (voir Documentation thématique,
p. 162).

(*Suite*, v. p. 85.)

XIV. — DERNIER FEUILLET

Telles sont les chimères qui charment et égarent au matin de la vie. J'ai essayé de les fixer sans beaucoup d'ordre, mais bien des cœurs me comprendront. Les illusions tombent l'une après l'autre, comme les écorces d'un fruit, et le fruit, c'est 5 l'expérience. Sa saveur est amère ; elle a pourtant quelque chose d'âcre qui fortifie, — qu'on me pardonne ce style vieilli. Rousseau dit que le spectacle de la nature console de tout. Je cherche parfois à retrouver mes bosquets de Clarens[121] perdus au nord de Paris, dans les brumes. Tous cela est bien changé !

10 Ermenonville ! pays où fleurissait encore l'idylle antique, — traduite une seconde fois d'après Gessner[122] ! tu as perdu ta seule étoile, qui chatoyait pour moi d'un double éclat. Tour à tour bleue et rose comme l'astre trompeur d'Aldebaran[123], c'était Adrienne ou Sylvie, — c'étaient les deux moitiés d'un seul 15 amour. L'une était l'idéal sublime, l'autre la douce réalité. Que me font maintenant tes ombrages et tes lacs, et même ton désert ? Othys, Montagny, Loisy, pauvres hameaux voisins, Châalis, — que l'on restaure, — vous n'avez rien gardé de tout ce passé ! Quelquefois j'ai besoin de revoir ces lieux de solitude 20 et de rêverie. J'y relève tristement en moi-même les traces fugitives d'une époque où le naturel était affecté ; je souris parfois en lisant sur le flanc des granits certains vers de Roucher[124],

---

121. Allusion au décor de *la Nouvelle Héloïse* ; 122. *Salomon Gessner* : poète suisse (1730-1788), admiré en France pour son *Daphnis* et ses *Idylles* ; 123. *Aldébaran* : étoile de la constellation du Taureau, d'une couleur jaune-orangé ; 124. *Roucher*, né en 1745 à Montpellier, mourut sur l'échafaud en 1794. Il est l'auteur d'un poème didactique en douze chants, *les Mois* (1779). Nerval (*la Bohème galante*) lui attribue certaines des inscriptions gravées sur les rochers du parc d'Ermenonville.

--- QUESTIONS ---

— L'idéal et le réel : importance de la formule (lignes 38-40) dans l'économie du roman ? Quel mot est ici particulièrement important ? En quoi se marque de façon précise le rôle du temps dans l'évolution du narrateur ? La fusion des deux éléments dans la création du mythe nervalien.

— La quête nervalienne : s'agit-il, comme le souligne Ross Chambers, d'un « problème de réduction et de fusion » qui se résumerait dans une formule du type : « trois femmes, deux hommes incomplets, une seule étoile » ? Tentez maintenant d'établir le rôle de chacune des trois figures féminines dans la quête du narrateur à partir des distinctions symboliques ou réelles. En quoi retrouve-t-on ici le rôle fondamental d'Aurélie ?

— Appliquez à ce chapitre (et à la nouvelle tout entière) cette remarque du « Carnet de notes » du *Voyage en Orient* : « Poursuivre les mêmes traits dans des femmes diverses. Amoureux d'un type éternel. »

qui m'avaient paru sublimes, — ou des maximes de bienfai-
sance au-dessus d'une fontaine ou d'une grotte consacrée à
25 Pan[125]. Les étangs, creusés à si grands frais, étalent en vain leur
eau morte que le cygne dédaigne. Il n'est plus, le temps où les
chasses de Condé passaient avec leurs amazones fières, où les
cors se répondaient de loin, multipliés par les échos!... Pour se
rendre à Ermenonville, on ne trouve plus aujourd'hui de route
30 directe. Quelquefois j'y vais par Creil et Senlis, d'autres fois
par Dammartin.

A Dammartin, l'on n'arrive jamais que le soir. Je vais
coucher alors à l'*Image Saint-Jean*. On me donne d'ordinaire
une chambre assez propre tendue en vieille tapisserie avec un
35 trumeau au-dessus de la glace. Cette chambre est un dernier
retour vers le bric-à-brac, auquel j'ai depuis longtemps renoncé.
On y dort chaudement sous l'édredon, qui est d'usage dans ce
pays. Le matin, quand j'ouvre la fenêtre, encadrée de vigne
et de roses, je découvre avec ravissement un horizon vert de
40 dix lieues, où les peupliers s'alignent comme des armées.
Quelques villages s'abritent çà et là sous leurs clochers aigus,
construits, comme on dit là, en pointes d'ossements[126]. On distingue d'abord Othys, — puis Ève, puis Ver; on distinguerait
Ermenonville à travers le bois s'il avait un clocher, — mais
45 dans ce lieu philosophique on a bien négligé l'église. Après
avoir rempli mes poumons de l'air si pur qu'on respire sur ces
plateaux, je descends gaiement et je vais faire un tour chez le
pâtissier. « Te voilà, grand frisé! — Te voilà, petit Parisien! »
Nous nous donnons les coups de poing amicaux de l'enfance,
50 puis je gravis un certain escalier où les joyeux cris de deux
enfants accueillent ma venue. Le sourire athénien de Sylvie
illumine ses traits charmés. Je me dis : « Là était le bonheur
peut-être; cependant... »

Je l'appelle quelquefois Lolotte[127], et elle me trouve un peu
55 de ressemblance avec Werther, moins les pistolets, qui ne sont
plus de mode. Pendant que le *grand frisé* s'occupe du déjeuner,
nous allons promener les enfants dans les allées de tilleuls qui
ceignent les débris des vieilles tours de brique du château.

---

125. Pan : dieu grec qui présidait aux troupeaux et figurait la nature person-
nifiée ; 126. Dans *la Bohème galante*, Nerval rapporte la même sensation : « Les
clochers aigus, hérissés de saillies régulières, qu'on appelle dans le pays des
ossements (je ne sais pourquoi), retentissent encore de ce bruit de cloches qui
portait une douce mélancolie dans l'âme de Rousseau » ; 127. *Lolotte*. L'héroïne de Goethe s'appelle Charlotte...

Tandis que ces petits s'exercent, au tir des compagnons de l'arc,
60 à ficher dans la paille les flèches paternelles, nous lisons
quelques poésies ou quelques pages de ces livres si courts qu'on
ne fait plus guère.

J'oubliais de dire que le jour où la troupe dont faisait partie
Aurélie a donné une représentation à Dammartin, j'ai conduit
65 Sylvie au spectacle, et je lui ai demandé si elle ne trouvait
pas que l'actrice ressemblait à une personne qu'elle avait
connue déjà. — A qui donc? — Vous souvenez-vous
d'Adrienne?

Elle partit d'un grand éclat de rire en disant : « Quelle idée! »
70 Puis, comme se le reprochant, elle reprit en soupirant : « Pauvre
Adrienne! elle est morte au couvent de Saint-S..., vers 1832. »
(15) (16)

───────────── **QUESTIONS** ─────────────

15. Sur le chapitre « Dernier feuillet ». — Certains ont cru voir
dans ces deux pages un élément surajouté, distinct du reste de la nouvelle. On s'efforcera de montrer qu'il prolonge naturellement le chapitre
précédent et clôt logiquement la nouvelle.

— La désagrégation thématique : relevez dans le texte les diverses
étapes de la destruction de l'univers souriant du rêve d'enfance. On étudiera en particulier : a) l'impact psychologique du paysage; b) les ruines
d'aujourd'hui opposées à celles des chapitres VII et IX; c) la ruinification
du château (voir chap. II); d) l'évolution du cygne déjà entrevu aux chapitres IV (ligne 56) et VII (ligne 53); e) la symbolique de l'eau.

— Une conclusion dérisoire? Quelle signification accorder au rire final
de Sylvie? Comment s'oppose finalement « rêve/réel » dans l'esprit du
narrateur? Relevez néanmoins les termes qui voudraient manifester une
sorte de sérénité à travers la non-évolution des personnages.

16. Sur l'ensemble de « Sylvie ». — Une structure signifiante : en
vous appuyant sur une analyse aussi précise que possible de l'ensemble
du texte (éléments récurrents, évolution, destruction des thèmes, etc.),
vous montrerez que la narration est caractéristique du récit de l'échec.
(Voir l'étude de Léon Cellier citée dans la bibliographie.)

— Des figures obsédantes. Vous relèverez l'importance du souvenir
et du rêve dans la nouvelle. Vous tenterez de déterminer ce qui appartient à l'un et à l'autre.

— Une écriture mythique. Vous montrerez que l'écriture nervalienne,
loin d'être un pur désir esthétique, est avant tout un élément constitutif
de l'homme Nerval. Vous tenterez dès lors de cerner la réalité de ce
que l'on appelle « le mythe nervalien » et montrerez que, comme le
Montaigne des *Essais,* Gérard aurait pu dire : « Livre consubstantiel à
son auteur » (et *vice versa).*

ŒUVRES POÉTIQUES
DIVERSES

NOTICE

Nous avons choisi de donner intégralement *les Chimères* (telles qu'elles ont été regroupées par Nerval à la suite des *Filles du feu* ; les autres *Chimères* se trouvent à la fin du volume dans la « Documentation thématique »), qui constituent incontestablement un des sommets de la poésie française et orientent le discours poétique vers la Parole moderne. Nous y avons ajouté l'ensemble des *Odelettes* ainsi que quelques textes divers parmi lesquels la célèbre « Épitaphe ». Les quelques lignes qui suivent entendent seulement introduire à Nerval poète, non embrasser l'ensemble des problèmes que pose la poétique nervalienne. Nombre de spécialistes auxquels nous faisons référence s'y consacrent malgré les difficultés d'une langue qui parvient à la « suprême condensation du langage[128] ».

« LES CHIMÈRES » ou « LE MÉRITE DE L'EXPRESSION »

Les douze sonnets regroupés sous ce titre furent écrits entre 1843 et 1854 et rattachés aux *Filles du feu*. Nous donnons pour chaque sonnet sa date de publication. L'important pour l'étude des *Chimères* tient à la fois de l'organisation interne du recueil et de l'écriture nervalienne elle-même.

Longtemps les commentateurs ont cru que l'ordre des sonnets était indifférent : la même erreur se reproduira peu de temps après avec *les Fleurs du mal* de Baudelaire (1857). Certains, tel M. Jean Gaulmier, ont cru lire dans cet ensemble « une légende plus vaste que *la Légende des siècles* de Victor Hugo ». Ainsi lus les sonnets condenseraient l'épopée mystique de l'humanité et marqueraient « la victoire définitive de l'espérance ou de la sérénité reconquise sur la douleur et la nostalgie[129] ». De ce fait, il est possible de diviser *les Chimères* en deux grands moments que sépare « Artémis » :

I. Un prélude angoissé : « El Desdichado » ;

   Le monde regretté de l'Antiquité païenne : « Myrtho », « Horus », « Antéros », « Delfica » et « Artémis ».

II. L'esprit nouveau du monde moderne : « le Christ aux Oliviers » ;

   La sagesse pythagoricienne : « Vers dorés ».

---

128. Gaétan Picon, « Nerval », in *Histoire des littératures*, tome III (Paris, Gallimard, « Bibliothèque de la Pléiade »), page 916 ; 129. Jean Gaulmier, *Gérard de Nerval et les « Filles du feu »* (Paris, Nizet), pages 24, 25.

Se fondant sur une analyse structurale très stricte, Jacques Geninasca est parvenu à établir une lecture d'ensemble qui reconnaît dans chaque sonnet « une référence au moins à la relation amoureuse[130] ». Il divise ainsi *les Chimères* en deux grands groupes : les six premiers sonnets, où le rapport se fait entre le locuteur (celui qui dit « je ») et un partenaire représenté dans le discours, alors que les six derniers sonnets ne modulent plus qu'accessoirement ce thème amoureux. La lecture de Geninasca (qu'il est impossible de réduire à quelques conclusions sous peine de mutiler une démarche rigoureuse) débouche donc sur « une relation de l'homme avec le monde[131] », variable, mais sans cesse répétée d'un sonnet à l'autre.

C'est également le lien du poète avec un interlocuteur, que réalisent les pronoms personnels, qui guide la lecture de Henri Meschonnic : relevant le rôle des « je », « tu », « il », « nous »…, le critique voit se dessiner une courbe qui mène le poète du « sonnet du je abandonné » au « sonnet de l'impersonnel : le triomphe de l'univers, de l'être obscur sur la pensée[132] ».

S'ils n'ont pas été sensibles d'emblée à l'architecture du recueil, les lecteurs se sont toujours abandonnés au charme (au sens le plus fort) des *Chimères*. Depuis quelques années ils ont tenté d'en découvrir le secret : c'est en particulier le cas de Kurt Schärer qui, dans un remarquable article encore inédit, rend compte de la pureté du discours nervalien. Il souligne en particulier l'absence totale de décor dans le poème (entendons par « décor », non le lieu extérieur, mais l'espace géographique de discours) qui, de ce fait, trouve en lui-même son propre fondement et la raison de son dépassement : « Il n'y a plus rien que le discours dégagé de tout accident extérieur. » Dans la même optique que Kurt Schärer, nous ferons remarquer que l'un des grands mérites — et probablement l'une des plus grandes nouveautés — de la poésie nervalienne réside dans l'expression elle-même : délaissant l'abondance chère au romantisme, elle se concentre autour des quatorze vers du sonnet pour enfermer une réalité de l'indicible. De ce fait, le discours nervalien se réduit au Verbe pur, abandonne métaphores et images désormais inutiles, et parvient ainsi à la concision de l'expression mythique. Poèmes « super-naturalistes », comme le déclarait Nerval (v. p. 41), les douze *Chimères* se présentent comme un élément fondamental d'analyse du « mythe » nervalien, dans la mesure où ils font porter leur effort sur l'expression épurée de tout ce qui peut nuire à ce que Yves Bonnefoy appelle très joliment « la vérité de parole[133] ».

« ODELETTES » ET TEXTES DIVERS : DU POÈME-JEU AU JEU POÉTIQUE

En regard des réussites incontestables que sont *les Chimères*, les autres textes regroupés ici paraissent peu « nervaliens », même si leur inspiration — à défaut de leur réalisation — participe du même esprit.

---

130. Jacques Geninasca, *Analyse structurale des « Chimères »* (Genève, La Baconnière, 1971), page 360 ; 131. J. Geninasca, *op. cit.*, page 361 ; 132. Henri Meschonnic, « Essai sur la poétique de Nerval », *Europe*, n° 353 (sept. 1958), page 32 ; 133. Yves Bonnefoy, « les Fleurs du mal », in *l'Improbable* (Paris, Mercure de France).

On y retrouve en effet tous les éléments qui se déploient à travers les œuvres de la maturité : goût du voyage et de la vitesse (« le Réveil en voiture »), désir de pérennisation de l'instant vécu comme une conquête sur le devenir (« Une allée du Luxembourg »), envoûtement d'un paysage intérieur (« Fantaisie »)..., mais non encore dégagés des scories de l'imagination romantique.

C'est en effet dans la poétique même que ces premières poésies révèlent leur caractère particulier. Loin de se concentrer autour du mot et de plonger l'idée dans l'immatérialité du verbe (à de rares exceptions près comme « Fantaisies » ou « les Cydalises »), ces textes participent, dans leur grande majorité, de la fantaisie romantique en vogue : l'écrivain ne s'y sent pas en danger, ni même en jeu. La distanciation poète-héros du poème ne se pose pas encore : la poésie n'est qu'un délassement, un jeu sans conséquence. On comparera l'attitude poétique de Nerval dans les *Odelettes* avec les textes théoriques cités dans la Documentation thématique à la fin du volume pour se rendre compte de l'écart qui subsiste entre les aspirations du traducteur de *Faust* et les réalisations du jeune Labrunie.

Pourtant, quelques grands moments sont inclus dans les vers faciles des *Odelettes* : il suffirait de peu de chose (le gommage de l'image, l'abandon à la force du mot...) pour que certains vers soient dignes de figurer dans les sonnets majeurs. À défaut de vérité poétique, ils traduisent du moins une grande maturité de versificateur et ouvrent par leur « métier » la voie à l'élaboration d'une parole consubstantielle à son auteur et réalisée dans « la vérité intemporelle du mythe[134] ».

---

134. Gaétan Picon, « Nerval », in *Histoire des littératures*, tome III, page 914.

LES CHIMÈRES

LES CHIMÈRES

EL DESDICHADO[135]

Je suis le ténébreux[136], — le veuf[137], — l'inconsolé,
Le prince d'Aquitaine à la tour abolie[138] :
Ma seule *étoile*[139] est morte, — et mon luth constellé
Porte le *soleil* noir de la *Mélancolie*[140].

Dans la nuit du tombeau[141], toi qui m'as consolé,
Rends-moi le Pausilippe et la mer d'Italie,
La *fleur*[142] qui plaisait tant à mon cœur désolé,
Et la treille où le pampre à la rose s'allie[143].

135. Sur le manuscrit Éluard, le sonnet porte le titre : « le Destin ». Nerval le changea ensuite en *El Desdichado*, mot espagnol indiquant le « destin fatal », qu'il semble avoir emprunté à W. Scott : dans *Ivanhoé* apparaît, en effet, au chapitre VIII, un chevalier dépossédé, par le roi, d'un château qu'il tenait de Richard Cœur de Lion. Dès lors, le chevalier destitué adopte ce surnom pour devise, y voyant le sens plus général de « déshérité » ; **136.** *Le ténébreux* : au sens général d' « habitant de la nuit ». Dans la préface des *Filles du feu*, il décrit Brisacier, à qui il s'identifie, comme « le prince ignoré, l'amant mystérieux, le déshérité, le beau ténébreux » ; **137.** *Le veuf.* On sait que Gérard se sentait en fait sentimentalement veuf de Jenny Colon ; **138.** Tout ce vers fait allusion à la généalogie que Nerval s'est forgée. Il se croyait descendant de chevaliers de l'empereur Othon : « J'ai bien un peu de ce sang-là dans les veines, moi, pauvre et obscur descendant d'un châtelain du Périgord » (« Lettre XI », à Aurélia). *Tour abolie* signifie « noblesse déchue », c'est-à-dire pour Gérard l'échec sentimental ; **139.** Le thème de *l'étoile* représente chez Nerval la pureté de la femme inaccessible. Voir *Sylvie* (p. 85, lignes 10-14) et *Aurélia :* « Une des étoiles que je voyais au ciel se mit à grandir, et la divinité de mes rêves m'apparut souriante [...] telle que je l'avais vue autrefois. » *Morte* rappelle la mort d'Adrienne et de Jenny Colon (1842). L'image est « filée » dans la suite avec le *luth constellé* ; **140.** Gérard est hanté par la gravure d'Albert Dürer intitulée *Mélancolie :* il croit voir un jour dans *Aurélia* un fantôme qui « ressemblait à l'ange de la Mélancolie d'Albert Dürer ». En mai 1853, il lui semble apercevoir, avant d'entrer en clinique, « un soleil noir dans le ciel désert ». Enfin, dans *le Voyage en Orient*, il décrit « le soleil noir de la mélancolie, qui verse des rayons obscurs sur le front de l'ange rêveur d'Albert Dürer, et qui se lève aussi parfois aux plaines lumineuses du Nil » ; **141.** Allusion à la rencontre (voir *Octavie*) que Gérard fit en 1834 avec une jeune Anglaise, et qui arracha le poète à ses tentations de suicide. C'est ce souvenir d'Italie qu'évoque le vers 6 (*le Pausilippe* est un promontoire rocheux de la baie de Naples) ; **142.** A côté de ce mot, le manuscrit Éluard porte : « ancolie, symbole de la tristesse, mais aussi de la folie » ; **143.** Voir *Sylvie*, page 51, lignes 19-21.

Suis-je Amour ou Phébus?... Lusignan ou Biron[144]?
Mon front est rouge encor du baiser de la reine[145];
11   J'ai rêvé dans la grotte où nage la sirène[146]...

Et j'ai deux fois vainqueur traversé l'Achéron[147] :
Modulant tour à tour sur la lyre d'Orphée[148]
14   Les soupirs de la sainte et les cris de la fée[149]. (17)

Publié dans *le Mousquetaire* (10-12-1853).

144. Nerval s'identifie aux héros de son Valois natal, qu'il apparente aux
dieux de la mythologie grecque : *Lusignan*, époux de la fée Mélusine, qu'il
surprit dans son bain sous sa forme originelle de femme-serpent ; répudiée,
elle s'envola avec des cris perçants ; *Biron* était un ami d'Henri IV dont le
souvenir est perpétué par une chanson rapportée dans les *Chansons et légendes
du Valois ;* 145. Voir *Sylvie*, chapitre II, lignes 24-27 ; 146. Apparition fré-
quente dans *les Chimères* (voir « Delfica », v. 7). Il s'agit de toute manière
d'un souvenir d'Italie ; 147. Ces deux traversées sont les crises de folie de
1841 et de 1853. Il en parlera dans *Aurélia* comme d'une « descente aux
Enfers » ; 148. Voir l'exergue de la seconde partie d'*Aurélia* : « Eurydice !
Eurydice ! » ; 149. Rappel des deux incarnations terrestres de l'Eurydice nervalienne : Adrienne, c'est la *sainte*, morte religieusement ; Jenny Colon-
Auréli(e)a, c'est *la fée* de la rampe.

──── **QUESTIONS** ────

17. SUR « EL DESDICHADO ». — La quête de l'identité : vous montrerez comment le sonnet s'organise autour de la même expression
présentée affirmativement (v. 1), puis interrogativement (v. 9). De même,
vous soulignerez la prépondérance des marques personnelles de la première personne (pronoms sujets, compléments ; adjectifs possessifs ;
valeur particulière des articles définis).

— L'ombre et la lumière : attachez-vous à relever les images en
montrant qu'elles se réfèrent à une double thématique, celle de la
lumière et celle de l'ombre. Quelle en est la signification symbolique ?

— « Une tentative de renaissance » (J. Moulin). En liant les deux
éléments d'analyse proposés ci-dessus, vous tenterez de marquer l'importance du sonnet dans l'expérience nervalienne et sa continuité avec
celle du narrateur de *Sylvie*. Précisez comment la structure même du
sonnet renforce les idées que développe le poète.

MYRTHO[150]

Je pense à toi, Myrtho, divine enchanteresse,
Au Pausilippe altier[151], de mille feux brillant,
A ton front inondé des clartés d'Orient[152],
4   Aux raisins noirs mêlés avec l'or de ta tresse[153].

C'est dans ta coupe[154] aussi que j'avais bu l'ivresse,
Et dans l'éclair furtif de ton œil souriant,
Quand aux pieds d'Iacchus[155] on me voyait priant,
8   Car la Muse[156] m'a fait l'un des fils de la Grèce.

Je sais pourquoi là-bas le volcan s'est rouvert...
C'est qu'hier tu l'avais touché d'un pied agile,
11   Et de cendres soudain l'horizon s'est couvert[157].

Depuis qu'un duc normand brisa tes dieux d'argile[158],
Toujours, sous les rameaux du laurier de Virgile[159],
14   Le pâle hortensia[160] s'unit au myrte vert! (18)

Publié dans *l'Artiste* (15-2-1854).

---

150. Ce poème prend une signification plus simple s'il est éclairé par la lecture d'*Octavie*. Ainsi *Myrtho* paraît bien être Octavie, qui pour Gérard apparaît sous les traits d'une déesse ; **151.** *Pausilippe :* voir « El Desdichado », note 141 ; **152.** Gérard voyageant autour de Naples confond la jeune et blonde Anglaise qui l'accompagne avec le paysage : « Nous traversions le golfe entre Ischia et Nisida, inondées des feux de l'Orient » (*Octavie*) ; **153.** Dans *Octavie*, Gérard donne rendez-vous sous une *treille* dont les raisins cernent la chevelure blonde de sa compagne ; **154.** *La coupe :* vase sacré rempli d'eau du Nil et dont on use dans les mystères isiaques ; **155.** *Iacchus :* assimilé à Bacchus. Dionysos, dieu du vin, roi du feu ; **156.** *La Muse* est le symbole de l'initiation poétique ; **157.** A rapprocher d'un passage d'*Octavie :* « Pendant cette nuit étrange, un phénomène assez rare s'était accompli. Vers la fin de la nuit, toutes les ouvertures de la maison où je me trouvais s'étaient éclairées, une poussière chaude et soufrée m'empêchait de respirer [...]. Je contemplais sans terreur le Vésuve couvert encore d'une coupole de fumée » ; **158.** Allusion sans doute à la prise de Naples en 1139 par Roger, roi des Deux-Siciles, descendant du seigneur normand Tancrède de Hauteville ; **159.** *Le laurier de Virgile*, planté sur la tombe du poète par Pétrarque, dit-on ; **160.** *Le pâle hortensia* peut signifier la brève passion de Gérard pour la blonde Britannique. Inconnue avant le XVIIIᵉ siècle, cette fleur ne figure dans aucun blason.

--- **QUESTIONS** ---

18. SUR « MYRTHO ». — Le surgissement du « tu » : analysez ce deuxième sonnet en montrant comment apparaît l'interlocuteur du poète. Le retour des images : comment se manifeste la profondeur mythologique dans le « récit » poétique ? En quoi ce texte est-il proche des grands poèmes du romantisme anglais (Keats, *Ode on a Grecian Urn*) ou allemand (Hölderlin, *Hyperion*) par son inspiration plastique et la tentative d'y voir un absolu ?

HORUS[161]

Le dieu Kneph[162] en tremblant ébranlait l'univers :
Isis, la mère[163], alors se leva sur sa couche,
Fit un geste de haine à son époux farouche,
Et l'ardeur d'autrefois brilla dans ses yeux verts[164].

« Le voyez-vous, dit-elle, il meurt, ce vieux pervers,
Tous les frimas du monde ont passé par sa bouche,
Attachez son pied tors, éteignez son œil louche,
C'est le dieu des volcans et le roi des hivers[165] !

« L'aigle a déjà passé, l'esprit nouveau m'appelle[166],
J'ai revêtu pour lui la robe de Cybèle[167]...
C'est l'enfant bien-aimé d'Hermès et d'Osiris ! »

La déesse avait fui sur sa conque dorée[168],
La mer nous renvoyait son image adorée,
Et les cieux rayonnaient sous l'écharpe d'Iris[169]. **(19)**

Publié dans *les Chimères*.
Premier titre : « A Louise d'Or. Reine ».

161. *Horus,* fils d'Isis et d'Osiris, était le dieu du Soleil levant et du Renouveau printanier ; Nerval y voyait une préfiguration du Messie (voir v. 11) ; **162.** *Kneph* (ou Khnoum), dieu créateur du monde dans la mythologie égyptienne, était adoré à Éléphantine. Son importance diminua à mesure que s'étendit le prestige de la triade d'Abydos : Isis, Osiris, Horus. Gérard en fait-il le symbole de l'antique religion à son déclin ? **163.** *Isis :* mère d'Horus, fils posthume d'Osiris. On sait combien Nerval fut attiré par le symbolisme des religions orientales ; Isis finira par se fondre, dans les rêves de Gérard, avec l'image d'Aurélia, l'éternelle amante ; **164.** Le sens semble le suivant : le regard d'Isis s'emplit de haine (pour Kneph) ; la vue de son *époux farouche* (Osiris est devenu le dieu des Morts) lui rappelle les épreuves passées : jadis, dieu du Soleil, Osiris fut dépecé par son frère Seth. Isis retrouva les membres de son mari, les embauma, et, par ses incantations, fit revivre Osiris ; **165.** C'est ici l'annonce de la naissance d'Horus, régénérateur et successeur de Kneph ; **166.** S'agit-il de *l'aigle* de Jupiter ? En fait, comme l'indique la variante de ce vers, il peut s'agir de l'attribut impérial. Napoléon était, en fait, un héros demi-dieu aux yeux de Nerval ; **167.** *Cybèle,* déesse des Cultures, était confondue par les Romains avec Isis ; **168.** *Conque dorée :* Isis, déesse lunaire, avait pour barque le croissant ; **169.** *Iris,* représentation mythologique de l'arc-en-ciel, symbolise le lien entre les hommes et les dieux. (Voir Giraudoux, *La guerre de Troie n'aura pas lieu.*)

─────── **QUESTIONS** ───────

19. Sur « Horus ». — Une interrogation mystique ? Continuation du processus d'exploration du cosmos : au « je » et au « tu » déjà présentés vient s'ajouter la figure du « il » autour de laquelle s'effectue l'union des deux premiers ; analysez le jeu des pronoms personnels et des noms dans le sonnet. Montrez comment l'image finale est en fait révélatrice d'un échec multiplié à l'infini.

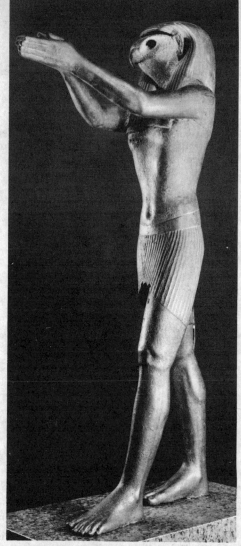

Horus faisant la libation.

Bronze de la XXVIᵉ dynastie, basse époque.
Paris, musée du Louvre.

ANTÉROS[170]

Tu demandes pourquoi j'ai tant de rage au cœur
Et sur un col flexible[171] une tête indomptée ;
C'est que je suis issu de la race d'Antée[172],
4   Je retourne les dards contre le dieu vainqueur.

Oui, je suis de ceux-là qu'inspire le Vengeur[173],
Il m'a marqué le front de sa lèvre irritée,
Sous la pâleur d'Abel, hélas ! ensanglantée,
8   J'ai parfois de Caïn[174] l'implacable rougeur !

Jéhovah ! le dernier, vaincu par ton génie,
Qui, du fond des enfers, criait : « Ô tyrannie ! »
11   C'est mon aïeul Bélus[175] ou mon père Dagon[176]...

Ils m'ont plongé trois fois dans les eaux du Cocyte[177],
Et, protégeant tout seul ma mère Amalécyte[178],
14   Je ressème à ses pieds les dents du vieux dragon[179]. **(20)**

Publié dans *les Chimères.*

---

170. *Antéros*, frère d'Éros (faut-il voir avec H. Lemaître dans le nom même le « symbolisme de la révolte mystique : Anti-Éros, l'Anti-Amour » ?), était le dieu vengeur des amours offensées ; 171. *Col flexible :* qui ploie sous le joug ; 172. *Antée*, géant, fils de Poséidon et de Gê, reprend des forces en touchant terre, chaque fois qu'il se sent vaincu par Hercule. C'est une des puissances terrestres qui s'opposent à Jéhovah, dieu du Ciel ; 173. *Le Vengeur* représente selon certains commentateurs Satan ; 174. *Caïn*, à qui Gérard s'assimile volontiers, est le symbole du nomade et du révolté ; 175. *Bélus* représente dans la Bible le Baal des religions polythéistes. Il fut le dernier vaincu par Jéhovah ; 176. *Dagon :* dieu phénicien de la Fécondité qui enseigna aux hommes les pratiques agricoles ; 177. *Cocyte :* fleuve des Enfers, affluent de l'Achéron. On se souvient que chez Homère c'est dans le Styx que Thétis plongea Achille pour le rendre invulnérable ; 178. *Amalécyte :* peuple ennemi des juifs adorateur de Dagon ; 179. *Les dents* du dragon vaincu par Jason sont l'emblème de la civilisation antique ; elles furent semées par Cadmos et donnèrent naissance à des géants.

--- QUESTIONS ---

20. SUR « ANTÉROS ». — Un fils du feu : ce sonnet fait diptyque avec le précédent. L'assimilation du poète avec *Antéros* se fait, semble-t-il, plus aisément qu'avec *Horus* : quelles raisons peuvent expliquer un tel choix ? Relevez dans le dernier tercet le retour d'images (modifiées) déjà entrevues dans les poèmes précédents.

DELFICA

La connais-tu, Dafné[180], cette ancienne romance[181],
Au pied du sycomore[182], ou sous les lauriers blancs,
Sous l'olivier, le myrte, ou les saules tremblants,
4   Cette chanson d'amour qui toujours recommence?...

Reconnais-tu le Temple au péristyle immense[183],
Et les citrons amers où s'imprimaient tes dents[184],
Et la grotte[185], fatale aux hôtes imprudents,
8   Où du dragon vaincu dort l'antique semence[186]?...

Ils reviendront, ces dieux[187] que tu pleures toujours!
Le temps va ramener l'ordre des anciens jours;
11   La terre a tressailli d'un souffle prophétique[188]...

Cependant la sibylle au visage latin[189]
Est endormie encor sous l'arc de Constantin
14   — Et rien n'a dérangé le sévère portique[190]. **(21)**

Publié dans *l'Artiste* (28-12-1845).

---

180. *Dafné* : nymphe aimée d'Apollon et qui fut métamorphosée en laurier ;
181. *Cette ancienne romance* : voir *Sylvie* et le rôle de la romance dans la
pensée de Nerval (p. 19). Mais cela peut désigner l'esprit religieux, qui, sous
des formes différentes, reste éternellement semblable à lui-même ; **182.** *Le sycomore* : souvenir du refuge de « la Sainte Famille poursuivie par la bande d'un
brigand » (*Voyage en Orient*). Ces deux vers réalisent le syncrétisme des religions : le *laurier* d'Apollon, l'*olivier* de Minerve, le *myrte* de Vénus et l'*arbre*
du christianisme ; **183.** Par-delà le *temple* de Vesta, Nerval peut viser celui de
Delphes, symbole de la religion grecque ; **184.** Dans *Octavie*, Gérard parlait de
l'héroïne qui « imprimait ses dents d'ivoire dans l'écorce d'un citron » ;
185. Sans doute la *grotte* des sirènes, où s'engouffre le Téverone ; **186.** Voir
« Antéros », vers 14 et la note 179 ; **187.** Ce sont, bien sûr, les dieux païens
détrônés par le monothéisme. Virgile écrivait dans la IVᵉ Églogue « [...]
redeunt Saturnia regna » ; **188.** Voir « Myrtho », vers 9 ; **189.** *La sibylle au
visage latin*, c'est celle de Cumes, endormie depuis l'édit de 313 que proclama
Constantin, « souverain qui porta le premier coup au paganisme antique, [...]
qui plaça sur son étendard la croix » (F. Constans) ; **190.** Rappel, triste pour
Nerval, de la victoire du christianisme sur le paganisme, victoire que rien
ne semble venir troubler.

--- **QUESTIONS** ---

21. Sur « DELFICA ». — Le troisième volet du syncrétisme nervalien :
on s'attachera à montrer les éléments de fusion, par le langage, entre
les divinités égyptienne (*Horus*), hellène (*Antéros*) et latine (*Delfica*).
— Un sonnet du souvenir : vous montrerez que, loin d'être un texte
d'initiation, « Delfica » est un poème de la reconnaissance. En particulier,
vous soulignerez l'importance des préfixes marquant la réitération (v. 4,
5, 9, 10), des adverbes exprimant la répétition (v. 4, 9, 13), des adjectifs
à la même fonction (v. 1) ou des temps verbaux et des périphrases ver-
bales exprimant la profondeur du passé (v. 6, 10).

ARTÉMIS[191]

La Treizième revient... C'est encor la première[192] ;
Et c'est toujours la seule, — ou c'est le seul moment[193] ;
Car es-tu reine[194], ô toi ! la première ou dernière ?
4 Es-tu roi, toi le seul ou le dernier amant[195] ?...

Aimez qui vous aima du berceau dans la bière ;
Celle que j'aimai seul m'aime encor tendrement :
C'est la mort — ou la morte[196]... Ô délice ! ô tourment !
8 La rose qu'elle tient, c'est la *Rose trémière*[197].

Sainte napolitaine[198] aux mains pleines de feux[199],
Rose au cœur violet, fleur de sainte Gudule[200] :
11 As-tu trouvé ta croix dans le désert[201] des cieux ? **(22)**

---

191. *Artémis :* nom grec de Diane, déesse de la Chasse et de la Nature
inviolée, mais aussi divinité infernale ; 192. On sait par *Aurélia* que les nombres
(en particulier le nombre 13) hantaient Gérard. Une note de Nerval dans le
manuscrit Éluard souligne : « la XIII° heure (pivotale) », cela rappellerait les
anciens cadrans des pendules qui superposaient aux chiffres 1, 2, 3... les
nombres 13, 14, 15... ; 193. La fusion des heures correspond pour Nerval à
la fusion des amantes. Le temps est aboli ; 194. Voir « El Desdichado », vers 10,
et *Sylvie*, chapitre II ; 195. Ces vers montrent à quel point les termes ordinaux
n'ont pas de signification pour Gérard. La seule chose qui compte c'est l'uni-
cité ; 196. Le singulier indique la fusion des diverses femmes aimées, leur
unité dans la mort ; 197. Dans *Aurélia*, Gérard décrit un rêve : « la dame que
je suivais [...] entoura gracieusement de son bras une longue tige de rose trémière » ; 198. C'est la statue de sainte Rosalie décrite dans *Octavie :* « une
figure de Sainte Rosalie, couronnée de fleurs violettes » ; 199. Dans le *Voyage
en Orient*, Nerval parle d'une apparition onirique en ces termes : « Ses mains
transparentes s'étendaient vers moi, s'effilant en rayons de lumière » ;
200. *Sainte Gudule :* patronne de Bruxelles ; 201. Voir : « le Christ aux
Oliviers », page 101.

--- **QUESTIONS** ---

22. SUR « ARTÉMIS ». — L'abolition du temps : relevez les éléments
multiples (verbes, temps, adverbes, conjonctions) qui, dans le premier
quatrain, visent à supprimer toute notion se référant à la durée linéaire
au profit d'une temporalité circulaire. Peut-on y voir avec Georges
Poulet « le désir de faire naître une heure unique et cependant composée
de toutes » ? Dans ce cas, comment le justifier dans l'ensemble de la
thématique nervalienne ? (*Suite*, v. p. 100.)

Roses blanches[202], tombez! vous insultez nos dieux[203],
Tombez, fantômes blancs, de votre ciel qui brûle[204] :
— La sainte de l'abîme[205] est plus sainte à mes yeux!

14

Publié dans *les Chimères.*
Autre titre : « Ballet des heures ».

---

202. *Roses blanches :* saintes de l'hagiographie ; **203.** *Nos dieux,* ce sont les dieux païens dont Gérard a parlé dans les sonnets précédents et dont il a dit qu'ils avaient « été vaincus et asservis par des dieux nouveaux » *(Aurélia)* ; **204.** *Ce ciel qui brûle,* c'est celui des chrétiens, chargé du sang que les fanatiques ont fait couler ; **205.** Est-ce le retour à l'Artémis des démons ou le rappel d'Aurélia qui accueillit Gérard au moment où « l'abîme a reçu sa proie » ?

━━━━━━━━ **QUESTIONS** ━━━━━━━━

— Un symbolisme mystique : relevez la construction particulière des deux tercets (reprise avec le même verbe au même temps, filage des images inscrites dans l'interrogation, constructions identiques des vers liminaires du premier tercet). Quel effet produit alors le vers final, détaché par la typographie ? G. Humphrey a prétendu que ce sonnet était « au cœur du conflit religieux qui tourmente Nerval » : en quoi peut-on justifier cette remarque par la position du sonnet dans l'ensemble du recueil ?

— Eros et Thanatos : le lien entre l'amour et la mort tel que le présente le second quatrain (voir *Sylvie,* VII, et *Aurélia*). J. Geninasca prétend que la *Rose trémière* (v. 8) est la synthèse du premier vers *(Trézième/première)* : justifiez. Jeanine Moulin a pu écrire de ce passage : « De l'éternité de l'amour, le poète glisse tout naturellement à l'évocation de la plénitude de cet amour et au goût de la mort que cette plénitude fait naître. » Vous expliquerez ce glissement par opposition à la résignation finale de *Sylvie.*

LE CHRIST AUX OLIVIERS

> Dieu est mort ! le ciel est vide...
> Pleurez ! enfants, vous n'avez plus de père.
>
> JEAN-PAUL[206].

I

Quand le Seigneur, levant au ciel ses maigres bras,
Sous les arbres sacrés, comme font les poètes,
Se fut longtemps perdu dans ses douleurs muettes,
4　Et se jugea trahi par des amis ingrats,

Il se tourna vers ceux qui l'attendaient en bas
Rêvant d'être des rois, des sages, des prophètes...
Mais engourdis, perdus dans le sommeil des bêtes,
8　Et se prit à crier : « Non, Dieu n'existe pas ! »

Ils dormaient. « Mes amis, savez-vous *la nouvelle*[207] ?
J'ai touché de mon front à la voûte éternelle ;
11　Je suis sanglant, brisé, souffrant pour bien des jours !

---

206. Emprunt au *Discours du Christ mort* de Jean-Paul Richter. Ce texte fut traduit pour la première fois par Mme de Staël dans *De l'Allemagne :* « L'horloge sonnait onze heures. (*Jean-Paul rêve qu'il se réveille au milieu d'un cimetière, en pleine nuit.*) Toutes les tombes étaient entrouvertes, et les portes de fer de l'église, agitées par une main invisible, s'ouvraient et se refermaient à grand bruit. Je voyais sur les murs s'enfuir des ombres, qui n'y étaient portées par aucun corps ; d'autres ombres livides s'élevaient dans les airs, et les enfants reposaient encore dans leurs cercueils. Il y avait dans le ciel comme un nuage grisâtre, lourd, étouffant, qu'un fantôme gigantesque serrait et pressait à longs plis [...]. Au haut de la voûte de l'église était le cadran de l'éternité ; on n'y voyait ni chiffres, ni aiguilles mais une main noire en faisait le tour avec lenteur, et les morts s'efforçaient d'y lire le temps [...] Alors descendit des hauts lieux sur l'autel une figure rayonnante, noble, élevée et qui portait l'empreinte d'une impérissable douleur ; les morts s'écrièrent : « Ô Christ ! n'est-il point de Dieu ? » Il répondit : « Il n'en est point. » Toutes les ombres se prirent à trembler avec violence, et le Christ continua ainsi : « J'ai parcouru les mondes, je me suis élevé au-dessus des soleils, et là aussi il n'est point de Dieu ; je suis descendu jusqu'aux dernières limites de l'univers, j'ai regardé dans l'abîme, et je me suis écrié : « Père, où es-tu ? » Mais je n'ai entendu que la pluie qui tombait goutte à goutte dans l'abîme, et l'éternelle tempête, que nul ordre ne régit, m'a seule répondu. Relevant ensuite mes regards vers la voûte des cieux, je n'y ai trouvé qu'une orbite vide, noir et sans froid. L'Éternité reposait sur le Chaos et le rongeait et se dévorait lentement elle-même [...] (*les enfants morts ressuscitent à leur tour*). Ils se prosternèrent devant la figure majestueuse qui était sur l'autel, et dirent : « Jésus, n'avons-nous pas de père ? » Et il répondit, avec un torrent de larmes : « Nous sommes tous orphelins, moi et vous n'avons point de père » ; 207. *Nouvelle :* allusion à l'étymologie du mot *évangile*, qui signifie : la « bonne nouvelle ».

Frères, je vous trompais : Abîme, abîme, abîme !
Le dieu manque à l'autel où je suis la victime...
14 Dieu n'est pas ! Dieu n'est plus ! » Mais ils dormaient
[toujours !

II

Il reprit : « Tout est mort ! J'ai parcouru les mondes ;
Et j'ai perdu mon vol dans leurs chemins lactés,
Aussi loin que la vie, en ses veines fécondes,
4 Répand des sables d'or et des flots argentés :

Partout le sol désert côtoyé par des ondes,
Des tourbillons confus d'océans agités...
Un souffle vague émeut les sphères vagabondes,
8 Mais nul esprit n'existe en ces immensités.

En cherchant l'œil de Dieu, je n'ai vu qu'une orbite[208]
Vaste, noire et sans fond, d'où la nuit qui l'habite
11 Rayonne sur le monde et s'épaissit toujours ;

Un arc-en-ciel étrange entoure ce puits sombre,
Seuil de l'ancien chaos dont le néant est l'ombre,
14 Spirale engloutissant les Mondes et les Jours[209] !

III

« Immobile Destin, muette sentinelle,
Froide Nécessité !... Hasard qui, t'avançant
Parmi les mondes morts sous la neige éternelle,
4 Refroidis, par degrés, l'univers pâlissant,

Sais-tu ce que tu fais, puissance originelle,
De tes soleils éteints, l'un l'autre se froissant...
Es-tu sûr de transmettre une haleine immortelle,
8 Entre un monde qui meurt et l'autre renaissant[210] ?...

---

208. *Orbite*. Le genre du mot fut longtemps incertain. Aujourd'hui le terme
est féminin. Dans *la Bouche d'ombre*, Hugo parle d' « Un affreux soleil noir
d'où rayonne la nuit » ; 209. Dans *les Nuits d'octobre*, Nerval développe la
même idée que dans le verset : « Tu ressembles au Séraphin doré du Dante
qui répand un dernier éclair de poésie sur les cercles ténébreux dont la spirale
immense se rétrécit toujours, pour aboutir à ce puits sombre où Lucifer est
enchaîné jusqu'au jour du dernier jugement » ; 210. Ces deux « mondes » sont
le paganisme et le christianisme.

Le Christ au jardin des Oliviers.

Peinture d'Eugène Delacroix. Paris, église Saint-Paul-Saint-Louis.

Phot. Bulloz.

Ô mon père ! est-ce toi que je sens en moi-même ?
As-tu pouvoir de vivre et de vaincre la mort ?
11   Aurais-tu succombé sous un dernier effort

De cet ange des nuits que frappa l'anathème[211] ?...
Car je me sens tout seul à pleurer et souffrir !
14   Hélas ! et, si je meurs, c'est que tout va mourir ! »

IV

Nul n'entendait gémir l'éternelle victime,
Livrant au monde en vain tout son cœur épanché ;
Mais prêt à défaillir et sans force penché,
4   Il appela le *seul* — éveillé dans Solyme[212] :

« Judas ! lui cria-t-il, tu sais ce qu'on m'estime,
Hâte-toi de me vendre, et finis ce marché :
Je suis souffrant, ami ! sur la terre couché...
8   Viens ! ô toi qui, du moins, as la force du crime ! »

Mais Judas s'en allait, mécontent et pensif,
Se trouvant mal payé, plein d'un remords si vif
11   Qu'il lisait ses noirceurs sur tous les murs écrites...

Enfin Pilate seul, qui veillait pour César,
Sentant quelque pitié, se tourna par hasard :
14   « Allez chercher ce fou ! » dit-il aux satellites.

V

C'était bien lui, ce fou[213], cet insensé sublime...
Cet Icare[214] oublié qui remontait les cieux,
Ce Phaéton[215] perdu sous la foudre des dieux,
4   Ce bel Atys[216] meurtri que Cybèle ranime !

---

211. Nostalgie (voir le dernier vers de « Delfica ») d'une victoire de Satan sur Jéhovah ; **212.** *Solyme* : Jérusalem ; **213.** *Ce fou.* « Aujourd'hui, l'on mettrait Jésus à Bicêtre », note Gérard dans *Paradoxe et vérité* ; **214.** *Icare* : fils de Dédale ; il voulut voler avec des ailes qu'il s'était fixées sur le dos avec de la cire. Mais, présomptueux, il s'approcha trop du soleil, la cire fondit, et il tomba dans les flots ; **215.** *Phaéton* : fils du soleil, dont il conduisait le char. L'ayant mal conduit un jour, il fut foudroyé ; **216.** *Atys* : dieu phrygien, compagnon de Cybèle, adoré dans les cultes isiaques.

L'augure interrogeait le flanc de la victime,
La terre s'enivrait de ce sang précieux...
L'univers étourdi penchait sur ses essieux,
8 Et l'Olympe un instant chancela vers l'abîme.

« Réponds! criait César à Jupiter Ammon[217],
Quel est ce nouveau dieu qu'on impose à la terre?
11 Et si ce n'est un dieu, c'est au moins un démon... »

Mais l'oracle invoqué pour jamais dut se taire;
Un seul pouvait au monde expliquer ce mystère :
14 — Celui qui donna l'âme aux enfants du limon. **(23)**

Publié dans *l'Artiste* (31-3-1844).

---

217. *Jupiter Ammon.* Ammon (ou Amon) était une divinité égyptienne que les Romains associaient à Jupiter. Ce dieu à double origine avait un temple célèbre en Libye.

──────── **QUESTIONS** ────────

23. SUR « LE CHRIST AUX OLIVIERS ». — Un étrange creuset : à l'aide des notes, expliquez le sens de l'expérience que retracent les cinq sonnets. Pourquoi Nerval emprunte-t-il au textes sacrés (I et IV) et païens (II et III) à la fois? Rôle de l'indépendance d'inspiration du dernier texte?

— Un texte religieux? Pour G. Humphrey, « c'est la résonance majeure du cycle » dans la mesure où il traite des « rapports de Dieu avec les hommes, non avec le dogme ». Comment se marque ce lien dans le récit? Quelle est l'importance de la place du « Christ » par rapport aux « Vers dorés », qui ferment *les Chimères?*

— Une œuvre syncrétique? Dans quelle mesure ces vers fournissent-ils une réponse aux interrogations formulées par Nerval soit dans le *Voyage en Orient,* soit dans *les Filles du feu* (« Isis », IV) : « Pourquoi celui qu'on cherche et qu'on pleure s'appelle-t-il ici Osiris, plus loin Adonis, plus loin Atys? Et pourquoi une autre clameur, qui vient du fond de l'Asie, cherche-t-elle aussi dans les grottes mystérieuses les restes d'un Dieu immolé? » Étudiez de ce point de vue la place des sonnets dans l'ensemble du recueil.

— Nerval, Christ nouveau? Relevez les éléments qui dans la bouche du Christ ou dans sa description contribuent à en faire le frère du poète présenté par les sonnets précédents. À rapprocher de la célèbre formule : « Je veux diriger mon rêve éternel au lieu de le subir. [...] Alors il est vrai je serai Dieu. »

VERS DORÉS

> Eh quoi! tout est sensible.
>
> PYTHAGORE.

Homme, libre penseur! te crois-tu seul pensant
Dans ce monde où la vie éclate en toute chose[218]?
Des forces que tu tiens ta liberté dispose,
4   Mais de tous tes conseils l'univers est absent[219].

Respecte dans la bête un esprit agissant :
Chaque fleur est une âme à la Nature éclose[220];
Un mystère d'amour[221] dans le métal repose;
8   « Tout est sensible! » Et tout sur ton être est puissant.

Crains, dans le mur aveugle, un regard qui t'épie :
A la matière même un verbe[222] est attaché...
11   Ne la fais pas servir à quelque usage impie!

Souvent dans l'être obscur habite un Dieu caché;
Et comme un œil naissant couvert par ses paupières,
14   Un pur esprit s'accroît sous l'écorce des pierres! **(24)**

> Publié dans *l'Artiste* (16-3-1845).
> Autre titre : « Pensée antique ».

---

218. Idée que développera Nerval dans *Aurélia* : « Tout vit, tout agit, tout se correspond. » Cette pensée sera l'un des thèmes essentiels de la poésie de Baudelaire (voir « Correspondances »); **219.** « Comment, me disais-je, ai-je pu exister si longtemps hors de la nature et sans m'identifier à elle » *(Aurélia)*; **220.** « [...] des voix secrètes sortaient de la plante, de l'arbre, des animaux, des plus humbles insectes, pour m'avertir et m'encourager » *(Aurélia)*; **221.** Ce *mystère d'amour* est-il la transformation du minéral en pierre précieuse, en or ? **222.** *Le verbe* : voir Hugo : « Tout dit dans l'infini quelque chose à quelqu'un. »

━━ QUESTIONS ━━

24. SUR « VERS DORÉS ». — Une somme philosophique : la place du sonnet dans l'organisation du recueil justifie-t-elle l'opposition gnomique que G. Picon résume ainsi : « le poète parle d'une vérité intemporelle du monde au lieu d'y vivre dans le temps intemporel du mythe » ?

— Une construction rigoureuse : relevez les jeux entre les pronoms personnels et les temps des verbes. Quel effet concourent-ils à créer ? Quelle est la part respective des images et des termes abstraits dans l'ensemble du poème ? Soulignez le rôle de l'opposition « regard/cécité » dans les tercets et relevez leur réalisation.

— La fin de l'expérience humaine ? Le sonnet se clôt-il sur « une note d'espoir, à la fois lyrique et mystérieuse qui fait songer à quelque formule initiatique », comme le prétend G. Humphrey ?

ODELETTES

ODELETTES

NOBLES ET VALETS

Ces nobles d'autrefois dont parlent les romans,
Ces preux à fronts de bœuf, à figures dantesques[223],
Dont les corps charpentés d'ossements gigantesques
4   Semblaient avoir au sol racine et fondements ;

S'ils revenaient au monde, et qu'il leur prît l'idée
De voir les héritiers de leurs noms immortels,
Race de Laridons[224], encombrant les hôtels
8   Des ministres, — rampante, avide et dégradée ;

Êtres grêles, à buscs[225], plastrons et faux mollets : —
Certes ils comprendraient alors, ces nobles hommes,
Que, depuis les vieux temps, au sang des gentilhommes
12   Leurs filles ont mêlé bien du sang de valets ! **(25)**

Publié en 1832.

LE RÉVEIL EN VOITURE

Voici ce que je vis : Les arbres sur ma route
Fuyaient mêlés, ainsi qu'une armée en déroute,
Et sous moi, comme ému par les vents soulevés,
4   Le sol roulait des flots de glèbe[226] et de pavés !

Des clochers conduisaient parmi les plaines vertes
Leurs hameaux aux maisons de plâtre, recouvertes

---

223. *Dantesque* : caractéristique des œuvres du poète italien Dante (1265-1321), empreintes de mystère, d'effroi. D'où par extension : « effroyable » ; 224. *Laridon* : nom donné par La Fontaine à un chien qui ne quittait pas la cuisine ; 225. *Busc* : lame de baleine ou de métal servant au maintien des corsets ; 226. *Glèbe* : motte de terre.

QUESTIONS
---

25. SUR « NOBLES ET VALETS ». — Montrez en quoi ce court poème peut se relier à *Sylvie* (chap. II à VII, en particulier). En quoi le vers 12 est-il important dans cette optique ? À l'aide du développement (Notice pp. 18-22), montrez comment le personnage du poète s'intègre dans la réalité du devenir historique.

En tuiles, qui trottaient ainsi que des troupeaux
8 De moutons blancs, marqués en rouge sur le dos !

Et les monts enivrés chancelaient, — la rivière
Comme un serpent boa, sur la vallée entière
Étendu, s'élançait pour les entortiller...
12 — J'étais en poste moi, venant de m'éveiller !

Id.

LE RELAIS

En voyage, on s'arrête, on descend de voiture ;
Puis entre deux maisons on passe à l'aventure,
Des chevaux, de la route et des fouets étourdi,
4 L'œil fatigué de voir et le corps engourdi.

Et voici tout à coup, silencieuse et verte,
Une vallée humide et de lilas couverte,
Un ruisseau qui murmure entre les peupliers, —
8 Et la route et le bruit sont bien vite oubliés !

On se couche dans l'herbe et l'on s'écoute vivre,
De l'odeur du foin vert à loisir on s'enivre,
Et sans penser à rien on regarde les cieux...
12 Hélas ! une voix crie : « En voiture, messieurs ! » **(26)**

Id.

UNE ALLÉE DU LUXEMBOURG

Elle a passé, la jeune fille
Vive et preste comme un oiseau :
A la main une fleur qui brille,
4 A la bouche un refrain nouveau.

───── **QUESTIONS** ─────

26. SUR « LE RÉVEIL EN VOITURE » ET « LE RELAIS ». — On commen-
tera ces deux poèmes en étudiant successivement : *a*) le rôle du mouvement ; *b*) le rôle de la vitesse ; *c*) la transformation du paysage de l'un
à l'autre ; *d*) enfin la signification symbolique de chacun d'eux dans la
« géographie magique » du poète. On s'appuiera sur la remarque de
Ross Chambers : la poétique du voyage nervalien est « l'alternance d'un
rêve d'où l'on se réveille pour constater qu'il n'était qu'illusion, et d'une
réalité retrouvée, [...] qu'il faut de nouveau quitter pour retrouver à son
tour le rêve ».

C'est peut-être la seule au monde
Dont le cœur au mien répondrait,
Qui venant dans ma nuit profonde
8   D'un seul regard l'éclaircirait !

Mais non, — ma jeunesse est finie...
Adieu, doux rayon qui m'as lui, —
Parfum, jeune fille, harmonie...
12 Le bonheur passait, — il a fui ! **(27)**

Id.

NOTRE-DAME DE PARIS

Notre-Dame est bien vieille : on la verra peut-être
Enterrer cependant Paris qu'elle a vu naître ;
Mais, dans quelque mille ans, le Temps fera broncher
Comme un loup fait un bœuf, cette carcasse lourde,
Tordra ses nerfs de fer, et puis d'une dent sourde
6   Rongera tristement ses vieux os de rocher !

Bien des hommes, de tous les pays de la terre,
Viendront, pour contempler cette ruine austère,
Rêveurs, et relisant le livre de Victor[227] : —
Alors, ils croiront voir la vieille basilique,
Toute ainsi qu'elle était, puissante et magnifique,
12 Se lever devant eux comme l'ombre d'un mort ! **(28)**

Id.

---

227. Le roman *Notre-Dame de Paris* a été publié par Victor Hugo en 1831.

— **QUESTIONS** ————————————————

27. Sur « Une allée du Luxembourg ». — En douze vers défile l'univers nervalien : on tentera de déterminer les multiples thèmes ici abordés, puis on les reliera à *Sylvie*. Les fondements du mythe féminin d'après ces lignes : « Des éléments isolés dissolvent la figure féminine tout en la recomposant dans un élan de fuite et de métamorphose. »

— On comparera ce poème avec celui de Baudelaire dans *les Fleurs du mal*, « À une passante » (« Nouveaux Classiques Larousse »).

28. Sur « Notre-Dame de Paris ». — Le rôle du Temps dans le texte et dans *les Chimères* : en quoi peut-on dire que, de l'un aux autres, il y a passages d'un temps linéaire à un temps mythique ? Analysez les procédés de fantastique dans le texte : jeu des temps, modalisations...

Les jardins du Luxembourg.

Phot. Adrien Roy.

DANS LES BOIS!

Au printemps l'Oiseau naît et chante :
N'avez-vous pas ouï sa voix?...
Elle est pure, simple et touchante,
4   La voix de l'Oiseau — dans les bois!

L'été, l'Oiseau cherche l'Oiselle;
Il aime — et n'aime qu'une fois!
Qu'il est doux, paisible et fidèle,
8   Le nid de l'Oiseau — dans les bois!

Puis quand vient l'automne brumeuse,
Il se tait... avant les temps froids.
Hélas! qu'elle doit être heureuse
12   La mort de l'Oiseau — dans les bois! **(29)**

Publié en 1835.

LE COUCHER DU SOLEIL

Quand le Soleil du soir parcourt les Tuileries
Et jette l'incendie aux vitres du château;
Je suis la Grande Allée et ses deux pièces d'eau
4   Tout plongé dans mes rêveries!

Et de là, mes amis, c'est un coup d'œil fort beau
De voir, lorsqu'à l'entour la nuit répand son voile
Le coucher du soleil, — riche et mouvant tableau,
8   Encadré dans l'Arc de l'Étoile!

AVRIL

Déjà les beaux jours, — la poussière,
Un ciel d'azur et de lumière,
Les murs enflammés, les longs soirs; —
Et rien de vert : — à peine encore

QUESTIONS

---

29. Sur « Dans les bois ». — Comment expliquer le dernier vers? Quel rôle joue l'anaphore finale de chaque quatrain? Par quels éléments précis se marque l'assimilation du poète avec son oiseau?

Un reflet rougeâtre[228] décore
6   Les grands arbres aux rameaux noirs !

Ce beau temps me pèse et m'ennuie.
— Ce n'est qu'après des jours de pluie
Que doit surgir, en un tableau,
Le printemps verdissant et rose,
Comme une nymphe fraîche éclose,
12   Qui, souriante, sort de l'eau. (30)

Publié en 1835.

FANTAISIE

Il est un air pour qui je donnerais
Tout Rossini[229], tout Mozart[230] et tout Weber[231],
Un air très vieux, languissant et funèbre,
4   Qui pour moi seul a des charmes secrets !

Or, chaque fois que je viens à l'entendre,
De deux cents ans mon âme rajeunit...
C'est sous Louis treize ; et je crois voir s'étendre
8   Un coteau vert, que le couchant jaunit.

Puis un château de brique à coins de pierre,
Aux vitraux teints de rougeâtres couleurs,

---

228. On se reportera pour juger de l'atmosphère du poème au chapitre II de *Sylvie* et au texte suivant ; **229.** *Rossini* (1786-1868) : compositeur d'opéras italien auquel on doit notamment *le Barbier de Séville*. Sa musique, variée, revêtait pour les romantiques les multiples aspects de la coloration vocale ; **230.** *Mozart* (1756-1791) : musicien prodige autrichien dont le style passe — à tort — pour facile et superficiel (un tel jugement se fonde presque exclusivement sur les pièces mineures comme *la Petite Musique de nuit*) ; **231.** *Weber* (1786-1826) : musicien allemand au style brillant. La rime avec *funèbre* est ainsi expliquée par Nerval : « on prononce *Wèbre* ».

━━━━ QUESTIONS ━━━━

30. SUR « LE COUCHER DU SOLEIL » ET « AVRIL ». — Le retour du même terme *tableau* est significatif d'une certaine attitude du poète à l'égard de la réalité : vous relierez ces deux poèmes aux chapitres II, VII et IX de *Sylvie* pour voir comment se forme l'importance du paysage dans la mythologie nervalienne. Quel rôle jouent les jeux de lumière dans les textes ? Comment interpréter le vers qui ouvre le second sixain d' « Avril » ? Par quels moyens se réintroduit le visage féminin ? (À comparer avec *Sylvie*.)

Ceint de grands parcs, avec une rivière
12   Baignant ses pieds, qui coule entre des fleurs;

    Puis une dame, à sa haute fenêtre,
    Blonde aux yeux noirs, en ses habits anciens,
    Que, dans une autre existence peut-être,
16   J'ai déjà vue... et dont je me souviens! **(31)**

Publié dans les *Annales romantiques* en 1832.

GAIETÉ

Petit *piqueton* de Mareuil[232],
Plus clairet qu'un vin d'Argenteuil,
Que ta saveur est souveraine!
Les Romains ne t'ont pas compris
Lorsqu'habitant l'ancien Paris
6   Ils te préféraient le Surène[233].

Ta liqueur rose, ô joli vin!
Semble faite du sang divin
De quelque nymphe bocagère;
Tu perles au bord désiré
D'un verre à côtes, coloré
12   Par les teintes de la fougère.

Tu me guéris pendant l'été
De la soif qu'un vin plus vanté
M'avait laissé depuis la veille[234];
Ton goût suret, mais doux aussi,

---

232 et **233.** *Mareuil* et *Surène* sont les noms de deux « crus » disparus, piquettes pour foires ou folies; **234.** « Il y a une faute, mais elle est dans le goût du temps » (note de Nerval).

QUESTIONS

31. Sur « Fantaisie ». — En quoi ces seize vers sont-ils, comme le prétend A. Rousseaux, « un rêve décrit » ? Analysez particulièrement le rôle des temps. Comparez le poème au chapitre II de *Sylvie* : ressemblances et différences ? Les thèmes majeurs ici épurés : la femme, la voix, le château. Montrez comment est construit le paysage, dans sa spatialité et sa temporalité. Dans « Fantaisie », Nerval « impose l'ordre de création de son génie poétique sur les matériaux qui lui proviennent de sa vie intérieure » (G. Humphrey) : en quoi ce poème marque-t-il une étape importante dans la poétique nervalienne ?

Happant mon palais épaissi,
18 Me rafraîchit quand je m'éveille.

Eh quoi ! si gai dès le matin,
Je foule d'un pied incertain
Le sentier où verdit ton pampre !...
— Et je n'ai pas de Richelet[235]
Pour finir ce docte couplet...
24 Et trouver une rime en ampre[236].

Publié dans les *Petits Châteaux de Bohême* en 1852.

LA GRAND'MÈRE

Voici trois ans qu'est morte ma grand'mère[237],
— La bonne femme, — et, quand on l'enterra,
Parents, amis, tout le monde pleura
4 D'une douleur bien vraie et bien amère.

Moi seul j'errais dans la maison, surpris
Plus que chagrin ; et, comme j'étais proche
De son cercueil, — quelqu'un me fit reproche
8 De voir cela sans larmes et sans cris.

Douleur bruyante est bien vite passée :
Depuis trois ans, d'autres émotions,
Des biens, des maux, — des révolutions, —
12 Ont dans les cœurs sa mémoire effacée.

Moi seul j'y songe, et la pleure souvent ;
Depuis trois ans, par le temps prenant force,
Ainsi qu'un nom gravé dans une écorce,
16 Son souvenir se creuse plus avant !

---

235. *Richelet* (1631-1698) : lexicographe français, auteur d'un célèbre *Dictionnaire français* (1680) qui fut « le premier dictionnaire monolingue général »
(R.-L. Wagner) ; on lui doit également un *Dictionnaire des rimes* (appelé
communément « le Richelet ») ; **236.** Gérard s'étonne dans une note que le mot
pampre soit le seul à la rubrique AMPRE : « pourquoi ce mot si sonore
n'a-t-il pas de rime ? » ; **237.** La *grand-mère* maternelle de Gérard, Marguerite
Laurent née Boucher, est morte le 8 août 1828.

LA COUSINE

L'hiver a ses plaisirs; et souvent, le dimanche,
Quand un peu de soleil jaunit la terre blanche,
Avec une cousine on sort se promener...
4 — Et ne vous faites pas attendre pour dîner,

Dit la mère. Et quand on a bien, aux Tuileries,
Vu sous les arbres noirs les toilettes fleuries,
La jeune fille a froid... et vous fait observer
8 Que le brouillard du soir commence à se lever.

Et l'on revient, parlant du beau jour qu'on regrette,
Qui s'est passé si vite... et de flamme discrète :
Et l'on sent en rentrant, avec grand appétit,
12 Du bas de l'escalier, — le dindon qui rôtit. **(32)**

Publié dans les *Annales romantiques* en 1835.

PENSÉE DE BYRON[238]

ÉLÉGIE

Par mon amour et ma constance,
J'avais cru fléchir ta rigueur,
Et le souffle de l'espérance
Avait pénétré dans mon cœur;
Mais le temps, qu'en vain je prolonge,
M'a découvert la vérité,

238. George Gordon, lord *Byron* (1788-1824), fut un des plus célèbres poètes romantiques anglais. Après une vie scandaleuse, sa mort sur la terre grecque en lutte pour son indépendance a permis l'éclosion d'une légende héroïque.

■—— ■ **QUESTIONS** ■——

32. Sur « la Grand'Mère » et « la Cousine ». — « La Grand'Mère », poème capital pour comprendre le rôle et le fonctionnement du souvenir dans la pensée nervalienne : opposition entre *moi* (v. 5) et les autres. Le rôle de la douleur dans le souvenir nervalien. On opposera, malgré l'apparente similitude (v. 5), l'attitude du poète et celle de Meursault, le narrateur de l'*Étranger* de Camus.

— « La Cousine » forme avec « la Grand'Mère » un pendant au chapitre v de *Sylvie* : relevez les éléments qui manifestent une atmosphère « réaliste » dans les deux poèmes. Quels sont les rapprochements que l'on peut faire, au niveau de l'écriture, entre les textes en vers et le chapitre de prose ?

L'espérance a fui comme un songe...
8 Et mon amour seul m'est resté !

Il est resté comme un abîme
Entre ma vie et le bonheur,
Comme un mal dont je suis victime,
Comme un poids jeté sur mon cœur !
Pour fuir le piège où je succombe,
Mes efforts seraient superflus ;
Car l'homme a le pied dans la tombe,
16 Quand l'espoir ne le soutient plus.

J'aimais à réveiller la lyre,
Et souvent, plein de doux transports,
J'osais, ému par le délire,
En tirer de tendres accords.
Que de fois, en versant des larmes,
J'ai chanté tes divins attraits !
Mes accents étaient pleins de charmes,
24 Car c'est toi qui les inspirais.

Ce temps n'est plus, et le délire
Ne vient plus animer ma voix ;
Je ne trouve point à ma lyre
Les sons qu'elle avait autrefois.
Dans le chagrin qui me dévore,
Je vois mes beaux jours s'envoler ;
Si mon œil étincelle encore,
32 C'est qu'une larme va couler !

Brisons la coupe de la vie ;
Sa liqueur n'est que du poison ;
Elle plaisait à ma folie,
Mais elle enivrait ma raison.
Trop longtemps épris d'un vain songe,
Gloire ! amour ! vous eûtes mon cœur :
Ô Gloire ! tu n'es qu'un mensonge ;
40 Amour ! tu n'es point le bonheur ! **(33)**

Publié dans les *Élégies nationales* en 1827.
Reprenant ce texte dans les *Petits Châteaux de Bohême*
en 1853, Nerval l'écourta de ses trois dernières strophes.

━━━━━ **QUESTIONS** ━━━━━━━━━━━━━━━━━━━━━━━

Questions 33, v. p. 118.

POLITIQUE

(1832)

Dans Sainte-Pélagie[239],
Sous ce règne élargie,
Où, rêveur et pensif,
    Je vis captif,

Pas une herbe ne pousse
Et pas un brin de mousse
Le long des murs grillés
    Et frais taillés !

Oiseau qui fends l'espace...
Et toi, brise, qui passe
Sur l'étroit horizon
    De la prison,

Dans votre vol superbe,
Apportez-moi quelque herbe,
Quelque gramen[240], mouvant
    Sa tête au vent !

Qu'à mes pieds tourbillonne
Une feuille d'automne
Peinte de cent couleurs
    Comme les fleurs !

---

239. *Sainte-Pélagie* : célèbre prison qui de 1792 à 1899 abrita les détenus politiques et les écrivains. Sade y passa quelques années, et Gérard y séjourna probablement à la suite de tapage nocturne en 1831 ; **240.** *Gramen* : mot latin signifiant « herbe » et qui sert de générique à l'ensemble des herbes de gazon.

──── QUESTIONS ────

33. Sur « Pensée de Byron ». — Poème plus nervalien que byronien par sa conclusion : rapprocher des deux derniers chapitres de *Sylvie*. On étudiera spécialement : *a)* la position du poète face au monde (cf. chapitre premier) ; *b)* le rapport « raison/folie » (cf. chap. III) ; *c)* les éléments de romantisme traditionnel.

— « Nerval a utilisé Byron dans la mesure où celui-ci s'accordait avec sa pensée » (G. Humphrey) : procédé traditionnel du discours, en quoi est-il ici d'un emploi différent ?

Pour que mon âme triste
Sache encor qu'il existe
Une nature, un Dieu
   Dehors ce lieu,

Faites-moi cette joie,
Qu'un instant je revoie
Quelque chose de vert
   Avant l'hiver !

Publié en 1831 sous le titre : « Cour de prison ».

LES PAPILLONS

I

De toutes les belles choses
Qui nous manquent en hiver,
Qu'aimez-vous mieux ? — Moi, les roses ;
— Moi, l'aspect d'un beau pré vert ;
— Moi, la moisson blondissante,
Chevelure des sillons ;
— Moi, le rossignol qui chante ;
— Et moi, les beaux papillons !

Le papillon, fleur sans tige,
   Qui voltige,
Que l'on cueille en un réseau ;
Dans la nature infinie,
   Harmonie
Entre la plante et l'oiseau !...

Quand revient l'été superbe,
Je m'en vais au bois tout seul :
Je m'étends dans la grande herbe,
Perdu dans ce vert linceul.
Sur ma tête renversée,
Là, chacun d'eux à son tour,
Passe comme une pensée
De poésie ou d'amour !

Voici le papillon *faune*,
   Noir et jaune ;

Voici le *mars* azuré,
Agitant des étincelles
    Sur ses ailes
28   D'un velours riche et moiré.

Voici le *vulcain* rapide,
Qui vole comme un oiseau :
Son aile noire et splendide
Porte un grand ruban ponceau.
Dieux! le *soufré*, dans l'espace,
Comme un éclair a relui...
Mais le joyeux *nacré* passe,
36   Et je ne vois plus que lui!

II

Comme un éventail de soie,
    Il déploie
Son manteau semé d'argent ;
Et sa robe bigarrée
    Est dorée
42   D'un or verdâtre et changeant.

Voici le *machaon-zèbre*,
De fauve et de noir rayé ;
Le *deuil*, en habit funèbre,
Et le *miroir* bleu strié ;
Voici l'*argus*, feuille-morte,
Le *morio*, le *grand-bleu*,
Et le *paon-de-jour* qui porte
50   Sur chaque aile un œil de feu!

Mais le soir brunit nos plaines ;
    Les *phalènes*
Prennent leur essor bruyant,
Et les *sphinx* aux couleurs sombres,
    Dans les ombres
56   Voltigent en tournoyant.

C'est le *grand'paon* à l'œil rose
Dessiné sur un fond gris,
Qui ne vole qu'à nuit close,

Comme les chauves-souris;
Le *bombice* du troëne,
Rayé de jaune et de vert,
Et le *papillon du chêne*
64 Qui ne meurt pas en hiver!...

Voici le *sphinx* à la tête
      De squelette,
Peinte en blanc sur un fond noir,
Que le villageois redoute,
      Sur sa route,
70 De voir voltiger le soir.

Je hais aussi les *phalènes*,
Sombres hôtes de la nuit,
Qui voltigent dans nos plaines
De sept heures à minuit;
Mais vous, papillons que j'aime,
Légers papillons de jour,
Tout en vous est un emblème
78 De poésie et d'amour!

III

Malheur, papillons que j'aime,
      Doux emblème,
A vous pour votre beauté!...
Un doigt, de votre corsage,
      Au passage,
84 Froisse, hélas! le velouté!...

Une toute jeune fille
Au cœur tendre, au doux souris,
Perçant vos cœurs d'une aiguille,
Vous contemple, l'œil surpris :
Et vos pattes sont coupées
Par l'ongle blanc qui les mord,
Et vos antennes crispées
92 Dans les douleurs de la mort!...

Publication par fragments dès 1831.

LE POINT NOIR

Quiconque a regardé le soleil fixement
Croit voir devant ses yeux voler obstinément
3   Autour de lui, dans l'air, une tache livide.

Ainsi, tout jeune encore et plus audacieux,
Sur la gloire un instant j'osai fixer les yeux :
6   Un point noir est resté dans mon regard avide.

Depuis, mêlée à tout comme un signe de deuil,
Partout, sur quelque endroit que s'arrête mon œil,
9   Je la vois se poser aussi, la tache noire ! —

Quoi, toujours ? Entre moi sans cesse et le bonheur !
Oh ! c'est que l'aigle seul — malheur à nous, malheur !
12   Contemple impunément le Soleil et la Gloire.

Publié en 1831 sous le titre « le Soleil et la Gloire ».

NI BONJOUR NI BONSOIR

Sur un air grec

1   Νή καλιμέρα, νή ὦρα καλή[241].

Le matin n'est plus ! le soir pas encore :
3   Pourtant de nos yeux l'éclair a pâli !

4   Νή καλιμέρα, νή ὦρα καλή.

Mais le soir vermeil ressemble à l'aurore,
6   Et la nuit plus tard amène l'oubli ! **(34)**

Publié à l'origine en 1846, puis repris dans
le *Voyage en Orient* (1851).

---

241. Refrain grec que traduit le titre du poème. Repris dans *Voyage en Orient* (II, 1).

--- QUESTIONS ---

34. Sur « Politique », « Les Papillons », « Le Point noir » et « Ni bonjour ni bonsoir ». — Quatre textes sans grand intérêt du point de vue poétique. On étudiera : *a)* les éléments de jeu qui visent à faire des poèmes une forme sans fond ; *b)* les thèmes nervaliens et leur traitement dans une telle perspective. (*Suite*, v. p. 123.)

LES CYDALISES[242]

Où sont nos amoureuses ?
Elles sont au tombeau :
Elles sont plus heureuses,
Dans un séjour plus beau !

Elles sont près des anges,
Dans le fond du ciel bleu,
Et chantent les louanges
De la mère de Dieu !

Ô blanche fiancée !
Ô jeune vierge en fleur !
Amante délaissée,
Que flétrit la douleur !

L'éternité profonde
Souriait dans vos yeux...
Flambeaux éteints du monde,
Rallumez-vous aux cieux ! (35)

Publié dans les *Petits Châteaux de Bohême*.

---

242. Nom mythique donné par Nerval au personnage féminin (voir les *Petits Châteaux*, I, 1 et 4).

————— **QUESTIONS** —————

— Une poésie de salon ? Une érudition plus qu'une parole : on montrera comment et pourquoi s'organisent les textes en fonction des seules sonorités.

35. SUR « LES CYDALISES ». — Une œuvre de la maturité en gestation : G. Picon prétend que « le Chant des *Odelettes* ne nous retient que parce que la voix des *Chimères* lui apporte un écho imprévisible ». Vous montrerez comment un tel jugement se justifie à partir des thèmes (v. 12, 15 opposés à « Artémis »), de la forme (le vers de six pieds et la force de l'alexandrin) et du vocabulaire (les termes non engagés dans leur force respective).

— L'allure du texte : un rythme particulier, dont on démontrera la formation par le jeu des temps et des modes.

— « La musique des « Cydalises » est une cadence » (G. Picon) : à expliquer à partir d'une analyse rigoureuse du texte.

Coucher de soleil sur la lande d'Arbonne (détail).
Peinture de Théodore Rousseau. New York, Metropolitan Museum.

POÉSIES DIVERSES

POÉSIES DIVERSES

LE ROI DE THULÉ

Il était un roi de Thulé[243]
A qui son amante fidèle
Légua, comme souvenir d'elle,
Une coupe d'or ciselé.

C'était un trésor plein de charmes
Où son amour se conservait :
A chaque fois qu'il y buvait
Ses yeux se remplissaient de larmes.

Voyant ses derniers jours venir,
Il divisa son héritage,
Mais il excepta du partage
La coupe, son cher souvenir.

Il fit à la table royale
Asseoir les barons dans sa tour;
Debout et rangée alentour,
Brillait sa noblesse loyale.

Sous le balcon grondait la mer.
Le vieux roi se lève en silence,
Il boit, — frissonne, et sa main lance
La coupe d'or au flot amer !

Il la vit tourner dans l'eau noire,
La vague en s'ouvrant fit un pli,
Le roi pencha son front pâli...
Jamais on ne le vit plus boire[244].

Publié dans les *Petits Châteaux de Bohême*, 1853.

---

243. Nerval a déjà traduit la ballade allemande dans son *Faust* de 1828.
Note 244, v. p. 127.

RÉSIGNATION

Quand les feux du soleil inondent la nature,
Quand tout brille à mes yeux et de vie et d'amour,
Si je vois une fleur qui s'ouvre, fraîche et pure,
4   Aux rayons d'un beau jour ;

Si des troupeaux joyeux bondissent dans la plaine,
Si l'oiseau chante au bois où je vais m'égarer,
Je suis triste et de deuil me sens l'âme si pleine
8   Que je voudrais pleurer.

Mais quand je vois sécher l'herbe de la prairie,
Quand la feuille des bois tombe jaune à mes pieds,
Quand je vois un ciel pâle, une rose flétrie,
12   En rêvant je m'assieds.

Et je me sens moins triste et ma main les ramasse,
Ces feuilles, ces débris de verdure et de fleurs.

---

244. A titre de comparaison, voici la traduction d'Émile Deschamps :

Il fut à Thulé, dit l'histoire,
Un roi tendre et fidèle encor.
Sa maîtresse, en mourant, pour boire,
Lui fit don d'une coupe d'or.

Rien n'avait pour lui tant de charmes ;
Soir et matin il s'en servait.
Ses yeux se remplissaient de larmes,
A chaque fois qu'il y buvait.

Et quand l'écuyer sombre, en croupe,
Vint le prendre... à son héritier,
Il laissa son royaume entier,
Mais non, certes, sa belle coupe.

Il siégeait au royal gala,
Dans la grande salle gothique,
Dans son château sur la Baltique ;
Tous ses chevaliers étaient là.

La mort au cœur, le vieux convive
Réchauffa sa force en buvant ;
Et sur la mer, loin de la rive,
Jeta sa chère coupe au vent.

Il la vit tomber, s'emplir toute,
Et s'engloutir en moins de rien ;
Puis, fermant les yeux, dit : c'est bien !
Et plus onc ne but une goutte.

J'aime à les regarder, ma bouche les embrasse...
16   Je leur dis : Ô mes sœurs!

N'est-elle pas ma sœur cette feuille qui tombe,
Par un souffle cruel brisée avant le temps?
Ne vais-je pas aussi descendre dans la tombe,
20   Aux jours de mon printemps?

Peut-être, ainsi que moi, cette fleur expirante,
Aux ardeurs du soleil s'ouvrant avec transport,
Enferma dans son sein la flamme dévorante
24   Qui lui donna la mort.

Il le faut, ici-bas tout se flétrit, tout passe.
Pourquoi craindre un destin que chacun doit subir?
La mort n'est qu'un sommeil. Puisque mon âme est lasse,
28   Laissons-la s'endormir.

Ma mère!... Oh! par pitié, puisqu'il faut que je meure,
Amis, épargnez-lui des chagrins superflus,
Bientôt elle viendra vers ma triste demeure,
32   Mais je n'y serai plus.

Et toi, rêve adoré de mon cœur solitaire,
Belle et rieuse enfant que j'aimais sans espoir,
Ton souvenir en vain me rattache à la terre;
36   Je ne dois plus te voir.

Mais si pendant longtemps, comme une image vaine,
Mon ombre t'apparaît... oh! reste sans effroi :
Car mon ombre longtemps doit te suivre, incertaine
40   Entre le ciel et toi. **(36)**

                                      Juin 1839.

──────── QUESTIONS ────────

36. SUR « RÉSIGNATION ». — Les obsessions nervaliennes : on relèvera tout ce qui manifeste la permanence des thèmes chez le poète et l'on soulignera leur évolution de ce poème (1839) à *Sylvie* (1854). En particulier : *a)* la fuite du temps (v. 17, 21); *b)* la résurrection dans la mort (v. 23, 25); *c)* l'amour vécu comme un absolu (v. 32, 36) ouvrant sur le mystique (v. 38, 39).

(*Suite*, v. p. 129.)

UNE FEMME EST L'AMOUR

Une femme est l'amour, la gloire et l'espérance ;
Aux enfants qu'elle guide, à l'homme consolé,
Elle élève le cœur et calme la souffrance,
4   Comme un esprit des cieux sur la terre exilé.

Courbé par le travail ou par la destinée,
L'homme à sa voix s'élève et son front s'éclaircit ;
Toujours impatient dans sa course bornée,
8   Un sourire le dompte et son cœur s'adoucit.

Dans ce siècle de fer la gloire est incertaine :
Bien longtemps à l'attendre il faut se résigner.
Mais qui n'aimerait pas, dans sa grâce sereine,
12   La beauté qui la donne ou qui la fait gagner ? **(37)**

Publié dans *la Presse* en 1845.

ÉPITAPHE

Il a vécu tantôt gai comme un sansonnet,
Tour à tour amoureux insoucieux et tendre,
Tantôt sombre et rêveur comme un triste Clitandre,
4   Un jour il entendit qu'à sa porte on sonnait.

──────── **QUESTIONS** ────────

— Un poème « classique » : montrez en quoi ce texte se ressent de l'influence lamartinienne et du premier romantisme. Relevez l'importance des images dans la méditation poétique. On réfléchira sur cette remarque de G. Picon : « La voix nervalienne dort encore dans des rythmes habiles [...], dans une musique du vers qui ne cherche que l'euphonie et ne perd jamais de vue la syntaxe du discours ; l'imagerie est encore celle de la convention ronsardisante et romantique. » Quelle est la part respective de chaque inspiration ?

37. SUR « UNE FEMME EST L'AMOUR ». — Une construction rigoureuse : comment s'organise l'ensemble du poème ? Quelle raison a guidé l'ordre de développement de chaque terme du texte ?

— Un thème romantique : on comparera ce poème avec les œuvres similaires de Hugo (en particulier dans *les Feuilles d'automne*) et l'on montrera en quoi il s'inscrit dans une génération littéraire particulière.

— Des thèmes nervaliens en éveil : la voix (v. 6), le temps (v. 10), le sourire (v. 8) sont présents, mais confisqués par une idéologie de groupe. À opposer aux scènes de *Sylvie* (chap. II, VIII et XIII).

C'était la Mort! Alors il la pria d'attendre
Qu'il eût posé le point à son dernier sonnet;
Et puis sans s'émouvoir, il s'en alla s'étendre
8   Au fond du coffre froid où son corps frissonnait.

Il était paresseux, à ce que dit l'histoire,
Il laissait trop sécher l'encre dans l'écritoire.
11 Il voulait tout savoir mais il n'a rien connu.

Et quand vint le moment où, las de cette vie,
Un soir d'hiver, enfin l'âme lui fut ravie,
14 Il s'en alla disant : « Pourquoi suis-je venu? » (38)

QUESTIONS

38. Sur « ÉPITAPHE ». — Un poème de dérision : le vocabulaire
(v. 1, 3), la construction parataxique (v. 9-11), l'imagerie traditionnelle
(v. 4-5 et 8) qui concentre les effets vers l'humour. Pourquoi?
— Un poème de l'échec : une conclusion (v. 14) conforme au mythe,
mais présentée dans un discours sans rapport avec ce même mythe.
À opposer à « El Desdichado ».

DOCUMENTATION THÉMATIQUE

réunie par la Rédaction des Nouveaux Classiques Larousse.

Nous avons rassemblé dans cette Documentation thématique des éléments très divers qui, appuyés par des textes complémentaires (nous pensons, en particulier, aux deux volumes thématiques de textes romantiques réunis par A. Biedermann dans *le Romantisme européen*, Nouveaux Classiques Larousse), doivent permettre au lecteur une double orientation.

La première consistera à situer la poétique nervalienne dans le moment qui fut le sien, pour tâcher d'en déduire les points originaux qui en font une œuvre de rupture et d'ouverture vers le discours moderne.

La seconde devrait permettre — à partir d'œuvres connues comme les poésies de Lamartine, d'Hugo, de Vigny, etc., les romans de Stendhal, Balzac, Sand, etc., ou les œuvres dramatiques du romantisme et surtout de Musset — de recréer une psychologie d'ensemble du mouvement romantique, qui vienne compléter le tableau que brosse rapidement Nerval au milieu de son chapitre liminaire de *Sylvie* (voir lignes 42-66).

1. POÉTIQUE NERVALIENNE

Si Nerval n'a pas écrit un texte théorique sur l'écriture, comme le fera plus tard Baudelaire, il n'en a pas moins réfléchi sur le métier poétique, sur *son* métier poétique. Il est ainsi possible de constituer, de façon non arbitraire, un corpus théorique d'une extrême importance pour la connaissance du fait poétique nervalien.

1.1. SUR LES POÈTES DU XVIᵉ SIÈCLE

En 1826, Nerval rédigea un mémoire pour le concours de l'Académie. Le sujet portait sur « le progrès et la marche de la littérature française ». Bien que l'on n'ait jamais retrouvé le texte de Gérard, ses idées nous sont connues, puisqu'il revint par trois fois sur le problème. Comme ses contemporains, il prône un élargissement de l'horizon littéraire tel qu'il existait à l'époque médiévale. Sa conclusion, ainsi qu'elle apparaît dans les feuilletons de *l'Artiste* de 1852, s'insère nettement dans une perspective romantique, à la fois par son opposition au classicisme, son désir d'une « poésie nationale » et surtout par l'appel final aux forces libérées.

> Enfin Malherbe vint! et la lutte commença. Certes, il était alors beaucoup plus aisé que du temps de Ronsard et de Dubellay, de fonder en France une littérature originale : la langue poétique était toute faite grâce à eux, et, bien que

nous nous soyons élevé contre la poésie antique substituée par eux à une poésie du moyen âge, nous ne pensons pas que cela eût nui à un homme de génie, à un véritable réformateur venu immédiatement après eux ; cet homme de génie ne se présenta pas : de là tout le mal ; le mouvement imprimé dans le sens classique, qui eût pu même être de quelque utilité comme secondaire, fut pernicieux, parce qu'il domina tout : la réforme prétendue de Malherbe ne consista absolument qu'à le régulariser, et c'est de cette opération qu'il a tiré toute sa gloire.

On sentait bien, dès ce temps-là, combien cette réforme annoncée si pompeusement était mesquine et conçue d'après des vues étroites. Régnier surtout, Régnier, poète d'une tout autre force que Malherbe, et qui n'eut que le tort d'être trop modeste, et de se contenter d'exceller dans un genre à lui, sans se mettre à la tête d'aucune école, tance celle de Malherbe avec une sorte de mépris :

> Cependant, leur savoir ne s'étend seulement
> Qu'à regratter un mot douteux au jugement ;
> Prendre garde qu'un *qui* ne heurte une diphtongue,
> Épier si des vers la rime est brève ou longue,
> Ou bien si la voyelle, à l'autre s'unissant,
> Ne rend point à l'oreille un vers trop languissant,
> Et laissent sur le verd le noble de l'ouvrage.

(Le Critique outré.)

Tout cela est très vrai. Malherbe réformait en grammairien, en éplucheur de mots, et non pas en poète, et, malgré toutes ses invectives contre Ronsard, il ne songeait pas même qu'il y eût à sortir du chemin qu'avaient frayé les poètes de la Pléiade, ni par un retour à la vieille littérature nationale, ni par la création d'une littérature nouvelle, fondée sur les mœurs et les besoins du temps, ce qui, dans ces deux cas, eût probablement amené à un même résultat. Toute sa prétention, à lui, fut de purifier le fleuve qui coulait du limon que roulaient ses ondes, ce qu'il ne put faire sans lui enlever aussi en partie l'or et les germes précieux qui s'y trouvaient mêlés : aussi voyez ce qu'a été la poésie après lui : je dis la poésie. L'art, toujours l'art, froid, calculé, jamais de douce rêverie, jamais de véritable sentiment religieux, rien que la nature ait immédiatement inspiré : le correct, le beau exclusivement ; une noblesse uniforme de pensées et d'expression ; c'est Midas qui a le don de changer en or tout ce qu'il touche. Décidément, le branle est donné à la poésie classique : La Fontaine seul y résistera ; aussi Boileau l'oubliera-t-il dans son *Art poétique*.

1.2. LA LÉGENDE FAUSTIENNE

Lorsqu'il publie le premier *Faust*, en 1828, Gérard n'est pas encore
enfoncé dans sa propre mythologie. En revanche, lors de la troisième édition, en 1840, l'écrivain, désormais lié à son écriture en
une texture indissociable, s'attarde en une longue préface sur le
mythe faustien : l'intérêt est évident. Derrière les héros goethéens,
Gérard retrouve la tragédie et les aspirations de son propre personnage : aspirations mystiques, rêves féminins, véritable épopée de
l'homme moderne, comme il l'indique lui-même. Bien que l'on cite
toujours la traduction de Goethe par Nerval, on a beaucoup plus
de difficulté à se procurer les préfaces de Gérard ; c'est pourquoi
nous avons jugé utile de donner *in extenso* le texte de 1840.

L'histoire de *Faust*, populaire tant en Angleterre qu'en Allemagne, et connue même en France depuis longtemps, comme
on peut le voir par la *légende* imprimée dans ce volume, a
inspiré un grand nombre d'auteurs de différentes époques.
L'œuvre la plus remarquable qui ait paru sur ce sujet, avant
celle de Gœthe, est un *Faust* du poète anglais Marlowe, joué
en 1589, et qui n'est dépourvu ni d'intérêt ni de valeur poétique. La lutte du bien et du mal dans une haute intelligence
est une des grandes idées du seizième siècle, et aussi du nôtre ;
seulement la forme de l'œuvre et le sens du raisonnement
diffèrent, comme on peut le croire, et les deux *Faust* de Marlowe et de Gœthe formeraient, sous ce rapport, un contraste
intéressant à étudier. On sent, dans l'un le mouvement des
idées qui signalaient la naissance de la Réforme ; dans l'autre,
la réaction religieuse et philosophique qui l'a suivie et laissée
en arrière. Chez l'auteur anglais, l'idée n'est ni indépendante
de la religion ni indépendante des nouveaux principes qui
l'attaquent ; le poète est à demi enveloppé encore dans les
liens de l'orthodoxie chrétienne, à demi disposé à les rompre.
Gœthe, au contraire, n'a plus de préjugés à vaincre ni de progrès philosophiques à prévoir. La religion a accompli son
cercle, et l'a fermé ; la philosophie a accompli de même et
fermé le sien. Le doute qui en résulte pour le penseur n'est
plus une lutte à soutenir mais un choix à faire ; et si quelque
sympathie le décide à la fin pour la religion, on peut dire que
son choix a été libre et qu'il avait clairement apprécié les
deux côtés de cette suprême question.
La négation religieuse, qui s'est formulée en dernier lieu chez
nous par Voltaire, et chez les Anglais par Byron, a trouvé
dans Gœthe un arbitre plutôt qu'un adversaire. Suivant dans
ses ouvrages les progrès ou, du moins, la dernière transformation de la philosophie de son pays, ce poète a donné à tous
les principes en lutte une solution complète qu'on peut ne pas
accepter, mais dont il est impossible de nier la logique savante

et parfaite. Ce n'est ni de l'éclectisme ni de la fusion ; l'antiquité et le moyen âge se donnent la main sans se confondre, la matière et l'esprit se réconcilient et s'admirent ; ce qui est déchu se relève ; ce qui est faussé se redresse ; le mauvais principe lui-même se fond dans l'universel amour. C'est le panthéisme moderne : Dieu est dans tout.

Telle est la conclusion de ce vaste poème, le plus étonnant peut-être de notre époque, le seul qu'on puisse opposer à la fois au poème catholique du Dante et aux chefs-d'œuvre de l'inspiration païenne. Nous devons regretter que la seconde partie de *Faust* n'ait pas toute la valeur d'exécution de la première, et que l'auteur ait trop tardé à compléter une pensée qui fut le rêve de toute sa vie. En effet, l'inspiration du second *Faust*, plus haute encore peut-être que celle du premier, n'a pas toujours rencontré une forme aussi arrêtée et aussi heureuse, et, bien que cet ouvrage se recommande plus encore à l'examen philosophique, on peut penser que la popularité lui manquera toujours.

En publiant la première édition de notre travail, nous citâmes en épigraphe la phrase célèbre de madame de Staël, relative à *Faust :* « Il fait réfléchir sur tout et sur quelque chose de plus que tout. » À mesure que Gœthe poursuivait son œuvre, cette pensée devenait plus vraie encore. Elle signale à la fois le défaut et la gloire de cette noble entreprise. En effet, on peut dire qu'il a fait sortir la poésie de son domaine, en la précipitant dans la métaphysique la plus aventureuse. L'art a toujours besoin d'une forme absolue et précise, au delà de laquelle tout est trouble et confusion. Dans le premier *Faust,* cette forme existe, pure et belle, la pensée critique en peut suivre tous les contours, et la tendance vers l'infini et l'impossible, vers ce qui est au delà de tout, n'est là que le rayonnement des fantômes lumineux évoqués par le poète.

Mais quelle forme dramatique, quelles strophes et quels rythmes seront capables de contenir ensuite des idées que les philosophes n'ont exposées jamais qu'à l'état de rêves fébriles ? Comme Faust lui-même descendant vers les *Mères,* la muse du poète ne sait où poser le pied, et ne peut même tendre son vol, dans une atmosphère où l'air manque, plus incertain que la vague et plus vide encore que l'éther. Au delà des cercles infernaux du Dante, descendant à un abîme borné ; au delà des régions splendides de son paradis catholique, embrassant toutes les sphères célestes, il y a encore plus loin et plus loin le vide, dont l'œil de Dieu même ne peut apercevoir la fin. Il semble que la Création aille toujours s'épanouissant dans cet espace inépuisable, et que l'immortalité de l'intelligence suprême s'emploie à conquérir toujours cet empire du néant et de la nuit.

Cet infini toujours béant, qui confond la plus forte raison humaine, n'effraye point le poète de *Faust ;* il s'attache à en donner une définition et une formule ; à cette proie mobile il tend un filet visible mais insaisissable, et toujours grandissant comme elle. Bien plus, non content d'analyser le vide et l'inexplicable de l'infini présent, il s'attaque de même à celui du passé. Pour lui, comme pour Dieu sans doute, rien ne finit, ou du moins rien ne se transforme que la matière, et les siècles écoulés se conservent tout entiers à l'état d'intelligences et d'ombres, dans une suite de régions concentries, étendues à l'entour du monde matériel. Là, ces fantômes accomplissent encore ou rêvent d'accomplir les actions qui furent éclairées jadis par le soleil de la vie, et dans lesquelles elles ont prouvé l'individualité de leur âme immortelle. Il serait consolant de penser, en effet, que rien ne meurt de ce qui a frappé l'intelligence, et que l'éternité conserve dans son sein une sorte d'histoire universelle, visible par les yeux de l'âme, synchronisme divin, qui nous ferait participer un jour à la science de Celui qui voit d'un seul coup d'œil tout l'avenir et tout le passé.

Le docteur Faust, présenté par l'auteur comme le type le plus parfait de l'intelligence et du génie humain, sachant toute science, ayant pensé toute idée, n'ayant plus rien à apprendre ni à voir sur la terre, n'aspire plus qu'à la connaissance des choses surnaturelles, et ne peut plus vivre dans le cercle borné des désirs humains. Sa première pensée est donc de se donner la mort ; mais les cloches et les chants de Pâques lui font tomber des mains la coupe empoisonnée. Il se souvient que Dieu a défendu le suicide, et se résigne à vivre de la vie de tous, jusqu'à ce que le Seigneur daigne l'appeler à lui. Triste et pensif, il se promène avec son serviteur, le soir de Pâques, au milieu d'une foule bruyante, puis dans la solitude de la campagne déserte, aux approches du soir. C'est là que ses aspirations s'épanchent dans le cœur de son disciple ; c'est là qu'il parle des deux âmes qui habitent en lui, dont l'une voudrait s'élancer après le soleil qui se retire, et dont l'autre se débat encore dans les liens de la terre. Ce moment suprême de tristesse et de rêverie est choisi par le diable pour le tenter. Il se glisse sur ses pas sous la forme d'un chien, s'introduit dans sa chambre d'étude, et le distrait de la lecture de la Bible, où le docteur veut puiser encore des consolations. Se révélant bientôt sous une autre forme et profitant de la curiosité sublime de Faust, il vient lui offrir toutes les ressources magiques et surnaturelles dont il dispose, voulant lui escompter, pour ainsi dire, les merveilles de la vie future, sans l'arracher à l'existence réelle. Cette perspective séduit le vieux docteur, trop fort de pensée, trop hardi et trop superbe pour se croire perdu à tout jamais par ce pacte avec le Démon. Celui dont l'intelligence voudrait lutter avec Dieu lui-même saura bien se tirer plus tard des pièges de l'esprit malin. Il accepte donc le pacte que lui accorde le secours des esprits et toutes les jouissances de la vie matérielle, jusqu'à ce que lui-même s'en soit lassé et dise à sa dernière heure : « Viens à moi, tu es si belle ! » Une si large concession le rassure tout à fait, et il consent enfin à signer ce marché de son sang. On peut croire qu'il ne fallait rien de moins pour le séduire ; car le diable lui-même sera bientôt embarrassé des fantaisies d'une volonté infatigable. Heureusement pour lui, le vieux savant, enfermé toute sa vie dans son cabinet, ne sait rien des joies du monde et de l'existence humaine, et ne les connaît que par l'étude, et non par l'expérience. Son cœur est tout neuf pour l'amour et pour la douleur, et il ne sera pas difficile peut-être de l'amener bien vite au désespoir en agitant ses passions endormies. Tel paraît être le plan de Méphistophélès, qui commence par rajeunir Faust au moyen d'un philtre ; sûr, comme il le dit, qu'avec cette boisson dans le corps, la première femme qu'il rencontrera va lui sembler une Hélène.

En effet, en sortant de chez la sorcière qui a préparé le philtre, Faust devient amoureux d'une jeune fille nommée Marguerite, qu'il rencontre dans la rue. Pressé de réussir, il appelle Méphistophélès au secours de sa passion, et cet esprit, qui devait, une heure auparavant, l'aider dans de sublimes découvertes et lui dévoiler le *tout* et le *plus que tout,* devient pour quelque temps un entremetteur vulgaire, un Scapin de comédie, qui remet des bijoux, séduit une vieille compagne de Marguerite, et tente d'écarter les surveillants et les fâcheux. Son instinct diabolique commence à se montrer seulement dans la nature du breuvage qu'il remet à Faust pour endormir la mère de Marguerite, et par son intervention monstrueuse dans le duel de Faust avec le frère de Marguerite. C'est au moment où la jeune fille succombe sous la clameur publique, après ce tableau de sang et de larmes, que Méphistophélès enlève son compagnon et le transporte au milieu des merveilles fantastiques d'une nuit de sabbat, afin de lui faire oublier le danger que court sa maîtresse. Une apparition non prévue par Méphistophélès réveille le souvenir dans l'esprit de Faust, qui oblige le démon à venir avec lui au secours de Marguerite déjà condamnée et renfermée dans une prison. Là se passe cette scène déchirante et l'une des plus dramatiques du théâtre allemand, où la pauvre fille, privée de raison, mais illuminée au fond du cœur par un regard de la mère de Dieu qu'elle avait implorée, se refuse à ce secours de l'enfer, et repousse son amant, qu'elle voit par intuition abandonné aux artifices du Diable. Au moment où Faust veut l'entraîner de force, l'heure du supplice sonne ; Marguerite invoque la justice du ciel, et les chants des anges risquent de faire impression sur le docteur lui-même ; mais la main de Méphistophélès l'arrête à ce douloureux spectacle et à cette divine tentation. Ici commence la seconde partie, dont nous avons donné plus loin l'analyse et fait comprendre la marche logique. Il nous suffit ici d'en relever le dessin général. Du moment que le désespoir d'amour n'a pas conduit Faust à rejeter l'existence ; du moment que la curiosité scientifique survit à cette mort de son cœur déchiré, la tâche de Méphistophélès devient plus difficile, et on l'entendra s'en plaindre souvent. Faust a rafraîchi son âme et calmé ses sens au sein de la nature vivante et des harmonies divines de la Création toujours si belle. Il se résout à vivre encore et à se replonger au milieu des hommes. C'est au point le plus splendide de leur foule qu'il va descendre cette fois. Il s'introduit à la cour de l'empereur comme un savant illustre, et Méphistophélès prend l'habit d'un fou de cour. Ces deux personnages s'entendront désormais sans qu'on puisse le soupçonner. La satire des folies humaines se manifeste ici sous deux aspects, l'un sévère et grand, l'autre trivial et caustique. Aristophane inspire à l'auteur l'intermède de Plutus ; Eschyle et Homère se mêleront à celui d'Hélène. Faust n'a songé tout d'abord qu'à étonner l'empereur et sa cour par sa science et les prestiges de sa magie. L'empereur, toujours plus curieux à mesure qu'on lui montre davantage, demande au docteur s'il peut faire apparaître des ombres. Cette scène, empruntée à la chronique de *Faust,* conduit l'auteur à ce magnifique développement dans lequel, cherchant à créer une sorte de vraisemblance fantastique aux yeux mêmes de l'imagination, il met à contribution toutes les idées de la philosophie touchant l'immortalité des âmes. Le système des *monades* de Leibniz se mêle ici aux phénomènes des visions magnétiques de Swedenborg. S'il est vrai, comme la religion nous l'enseigne, qu'une partie immortelle survit à l'être humain décomposé, si elle se conserve indépendant et distincte et ne va pas se fondre au sein de l'âme universelle, il doit exister dans l'immensité des régions ou des planètes où ces âmes conservent une forme perceptible aux regards des autres âmes, et de celles mêmes qui ne se dégagent des liens terrestres que pour un instant, par le rêve, par le magnétisme ou par la contemplation ascétique. Maintenant, serait-il possible d'attirer de nouveau ces âmes dans le domaine de la matière créée, ou du moins formulée par Dieu, théâtre éclatant où elles sont venues jouer chacune un rôle de quelques années, et ont donné des preuves de leur force et de leur amour ? Serait-il possible de condenser dans leur *moule* immatériel et insaisissable quelques éléments purs de la matière, qui lui fassent reprendre une existence visible plus ou moins longue, se réunissant et s'éclairant tout à coup comme les atomes légers qui tourbillonnent dans un rayon de soleil? Voilà ce que les rêveurs ont cherché à expliquer, ce que des religions ont jugé possible, et ce qu'assurément le poète de *Faust* avait le droit de supposer.

Quand le docteur expose à Méphistophélès sa résolution arrêtée, ce dernier recule lui-même. Il est maître des illusions et des prestiges; mais il ne peut aller troubler les ombres qui ne sont point sous sa domination, et qui, chrétiennes ou païennes, mais non damnées, flottent au loin dans l'espace, protégées contre le néant par la puissance du souvenir. Le monde païen lui est non seulement interdit, mais inconnu. C'est donc Faust qui devra lui seul s'abandonner aux dangers de ce voyage, et le Démon ne fera que lui donner les moyens de sortir de l'atmosphère de la terre et d'éclairer son vol dans l'immensité.

En effet, Faust s'élance volontairement hors du solide, hors du fini, on pourrait même dire hors du temps. Monte-t-il? descend-il? C'est la même chose, puisque notre terre est un globe. Va-t-il vers les figures du passé ou vers celles de l'avenir? Elles coexistent toutes, comme les personnages divers d'un drame qui ne s'est pas encore dénoué, et qui pourtant est accompli déjà dans la pensée de son auteur; ce sont les coulisses de la vie où Gœthe nous transporte ainsi. Hélène et Pâris, les ombres que cherche Faust, sont quelque part errant dans le *spectre* immense que leur siècle a laissé dans l'espace; elles marchent sous les portiques splendides et sous les ombrages frais qu'elles rêvent encore, et se meuvent gravement, en *ruminant* leur vie passée. C'est ainsi que Faust les rencontre, et, par l'aspiration immense de son âme à demi dégagée de la terre, il parvient à les attirer hors de leur cercle d'existence et à les amener dans le sien. Maintenant, fait-il partager aux spectateurs son intuition merveilleuse, ou parvient-il, comme nous le disions plus haut, à appeler dans le rayon de ces âmes quelques éléments de matière qui les rende perceptibles? De là résulte, dans tous les cas, l'apparition décrite dans la scène. Tout le monde admire ces deux belles figures, types perdus de l'antique beauté. Les deux ombres, insensibles à ce qui se passe autour d'elles, se parlent et s'aiment là comme dans leur sphère. Pâris donne un baiser à Hélène; mais Faust, émerveillé encore de ce qu'il vient de voir et de faire, mêlant tout à coup les idées du monde qu'il habite et de celui dont il sort, s'est épris subitement de la beauté d'Hélène, qu'on ne pouvait voir sans l'aimer. Fantôme pour tout autre, elle existe en réalité pour cette grande intelligence. Faust est jaloux de Pâris, jaloux de Ménélas, jaloux du passé, qu'on ne peut pas plus anéantir moralement, que physiquement la matière; il touche Pâris avec la clef magique, et rompt le charme de cette double apparition.

Voilà donc un amour d'intelligence, un amour de rêve et de folie, qui succède dans son cœur à l'amour tout naïf et tout humain de Marguerite. Un philosophe, un savant épris d'une ombre, ce n'est point une idée nouvelle, mais le succès d'une telle passion s'explique difficilement sans tomber dans l'absurde, dont l'auteur a su toujours se garantir jusqu'ici. D'ailleurs, la légende de son héros le guidait sans cesse dans cette partie de l'ouvrage; il lui suffisait donc, pour la mettre en scène, de profiter des hypothèses surnaturelles déjà admises par lui. Cette fois, il ne s'agit plus de tirer de l'abîme deux ombres pour amuser l'empereur et sa cour. Ce n'est plus une course furtive à travers l'espace et à travers les siècles. Il faut aller poser le pied solidement sur le monde ancien, prendre part à sa vie pour quelque temps et trouver les moyens de lui ravir l'ombre d'Hélène, pour la faire vivre matériellement dans notre atmosphère. Ce sera là presque la descente d'Orphée; car il faut remarquer que Gœthe n'admet guère d'idées qui n'aient pas une base dans la poésie classique, si neuves que soient, d'ailleurs, sa forme et sa pensée de détail.

Voilà donc Faust et Méphistophélès qui s'élancent hors de l'atmosphère terrestre, plus hardis cette fois, après une première épreuve : Faust, en proie à une pensée unique, celle d'Hélène; le Diable, moins préoccupé, toujours froid, toujours railleur; mais curieux, lui, d'un monde où il n'est jamais entré. Tandis que le docteur, perdu dans l'univers antique, s'y reconnaît peu à peu avec le souvenir de ses savantes lectures; qu'il demande Hélène au vieux centaure Chiron, à Manto la devineresse, et finit par apprendre qu'elle habite avec ses femmes l'antre de Perséphone, le mélancolique Hadès, situé dans ces cavernes de l'Olympe, Méphistophélès s'arrête de loin en loin dans ces régions fabuleuses; il cause avec les vieux démons du Tartare, avec les sibylles et les parques, avec les sphinx plus anciens encore. Bientôt il prend un rôle actif dans la comédie fantastique qui va se jouer autour du docteur, et revêt le costume et l'apparence symbolique de Phorkyas, la vieille intendante du palais de Ménélas.

En effet, Hélène, tirée par le désir de Faust de sa demeure ténébreuse de l'Hadès, se retrouve entourée de ses femmes devant le péristyle de son palais d'Argos, à l'instant même où elle vient de débarquer aux rives paternelles, ramenée par Ménélas de l'Égypte, où elle s'était enfuie après la chute de

Troie. Est-ce le souvenir qui se refait *présent* ici ? ou les mêmes faits qui se sont passés se reproduisent-ils une seconde fois dans les mêmes détails ? C'est une de ces hallucinations effrayantes du rêve et même de certains instants de la vie, où il semble qu'on refait une action déjà faite et qu'on redit des paroles déjà dites, prévoyant, à mesure, les choses qui vont se passer. Cet acte étrange se joue-t-il entre les deux âmes de Faust et d'Hélène, ou entre le docteur vivant et la belle Grecque ?... Quand, dans les *Dialogues* de Lucien, le philosophe Ménippe prie Mercure de lui faire voir les héros de l'ancienne Grèce, il se récrie tout à coup de surprise en voyant passer Hélène : « Quoi ! dit-il, c'est ce crâne dépouillé qui portait de si beaux cheveux d'or ? c'est cette bouche hideuse qui donnait de si doux baisers ?... » Ménippe n'a rencontré qu'un affreux squelette, dernier débris matériel du type le plus pur de la beauté. Mais le philosophe moderne, plus heureux que son devancier, va trouver Hélène jeune et fraîche comme en ses plus beaux jours. C'est Méphistophélès qui, sous les traits de Phorkyas, guidera vers lui cette épouse légère de Ménélas, infidèle toujours, dans le temps et dans l'éternité. Le cercle d'un siècle vient donc de recommencer, l'action se fixe et se précise ; mais, à partir du débarquement d'Hélène, elle va franchir les temps avec la rapidité du rêve. Il semble, pour nous servir d'une comparaison triviale, mais qui exprime parfaitement cette bizarre évolution, que l'horloge éternelle, retardée par un doigt invisible, et fixée de nouveau à un certain jour passé depuis longtemps, va se détraquer, comme un mouvement dont la chaîne est brisée, et marquer ensuite peut-être un siècle pour chaque heure. En effet, à peine avons-nous écouté les douces plaintes des suivantes d'Hélène, ramenées captives dans leur patrie ; les lamentations et les terreurs de la reine, qui rencontre au seuil de sa porte les ombres menaçantes de ses dieux lares offensés ; à peine a-t-elle appris qu'elle est désignée pour servir de victime à un sacrifice sanglant fait en expiation des malheurs de la Grèce et des justes ressentiments de Ménélas, que déjà Phorkyas lui vient annoncer qu'elle peut échapper à ce destin en se jetant, fille d'un âge qui s'éteint, dans les bras d'un âge qui vient de naître. L'époque grecque, représentée par Ménélas et par son armée, et victorieuse à peine de *l'époque assyrienne*, dont Troie fut le dernier rempart, est déjà menacée à son tour par un nouveau cycle historique qui se lève derrière elle, et se dégage peu à peu des doubles voiles de la barbarie primitive, et de l'avenir chargé d'idées nouvelles. Une race à demi sauvage, descendue des monts Cimmériens, gagne peu à peu du terrain sur la civilisation grecque, et bâtit déjà ses châteaux à la vue des palais et des monuments de l'Argolide. C'est le germe du moyen âge, qui grandit d'instants en instants. Hélène, l'antique beauté, représente un type éternel, toujours admirable et toujours reconnu de tous ; par conséquent, elle peut échapper, par une sorte d'abstraction subite, à la persécution de son époux, qui n'est, lui, qu'une *individualité* passagère et circonscrite dans un âge borné. Elle renie, pour ainsi dire, ses dieux et son temps, et tout à coup Phorkyas la transporte dans le château crénelé, qui protège encore l'époque féodale naissante. Là règne et commande Faust, l'homme du moyen âge, qui en porte dans son front tout le génie et toute la science, et dans son cœur tout l'amour et tout le courage.

Ménélas et ses vaines cohortes tentent d'assiéger le castel gothique ; mais ces ombres ennemies se dissipent bientôt en nuées, vaincues à la fois par le temps et par les clartés d'un jour nouveau. La victoire reste donc à Faust, qui, vêtu en chevalier, accepte Hélène pour sa dame et pour sa reine. La femme de l'époque antique, jusque-là toujours esclave ou sujette, vendue, enlevée, troquée souvent, s'habitue avec délices à ces respects et à ces honneurs nouveaux. Les murs du château féodal, désormais inutiles, s'abaissent et deviennent l'enceinte d'une demeure enchantée, aux édifices de marbre, aux jardins taillés en bocages et peuplés de statues riantes. C'est la transition du moyen âge vers la renaissance. C'est l'époque où l'homme vêtu de fer s'habille de soie et de velours, où la femme règne sans crainte, où l'art et l'amour déposent partout des germes nouveaux. L'union de Faust et d'Hélène n'a pas été stérile, et le chœur salue déjà la naissance d'Euphorion, l'enfant illustre du génie et de la beauté. Ici, la pensée de l'auteur prend une teinte vague et mélancolique, qu'il devient plus facile de définir, mais qui semble amener sous l'allégorie d'Euphorion la critique des temps modernes. Euphorion ne peut vivre en repos ; à peine né, il s'élance de terre, gravit les plus hauts sommets, parcourt les plus rudes sentiers, veut tout embrasser, tout pénétrer, tout comprendre, et finit par éprouver le sort d'Icare en voulant conquérir l'empire des airs. L'auteur, sans s'expliquer davantage, dissout par cette mort le bonheur passager de Faust, et Hélène, mourante à son tour, est rappelée par son fils au séjour des ombres. Ici encore, l'imitation de la légende reparaît.

Le peuple fantastique, qui avait repris l'existence autour des deux époux, se dissipe à son tour, rendant à la nature les divers éléments qui avaient servi à ces incarnations passagères. Le système panthéistique de Gœthe se peint de nouveau dans ce passage, où il renvoie d'un côté les formes matérielles à la masse commune, tout en reconnaissant l'individualité des intelligences immortelles. Seulement, comme on le verra, les esprits d'élite lui paraissent seuls avoir la *cohésion* nécessaire pour échapper à la confusion et au néant. Tandis qu'Hélène doit à son illustration et à ses charmes la conservation de son individualité, sa fidèle suivante Panthalis est seule sauvée par la puissance de la fidélité et de l'amour. Les autres, vaines animations des forces magnétiques de la matière, sans perdre une sorte de vitalité commune et incapable de pensées, bruissent dans le vent, éclatent dans les lueurs, gémissent dans les ramées et pétillent joyeusement dans la liqueur nouvelle, qui créera aux hommes des idées fantasques et des rêves insensés.

Tel est le dénouement de cet acte, que nous avons traduit littéralement, voyant l'impossibilité de rendre autrement les nuances d'une poésie inouïe encore, dont la phrase française ne peut toujours marquer exactement le contour. Notre analyse encadre et explique ensuite les dernières parties, où Faust, affaibli et cassé, mais toujours ardent à vivre, s'attache à la terre avec l'âpreté d'un vieillard, et, revenu de son mépris des hommes, tente d'accomplir en quelques années tous les progrès que la science et le génie rêvent encore pour la gloire des âges futurs. Malheureusement, un esprit qui s'est séparé de Dieu ne peut rien pour le bonheur des hommes, et le malin esprit tourne contre lui toutes ses entreprises. Le royaume magique qu'il a conquis sur les flots, et où il a réalisé ses rêves philanthropiques, s'engloutira après lui, et le dernier travail qu'il fait faire est, sans qu'il le sache, sa fosse creusée par les *lémures*. Toutefois, ayant accompli toutes ses pensées, et n'ayant plus un seul désir, le vieux docteur entend sans effroi sonner sa dernière heure, et son aspiration suprême tend à Dieu, qu'il avait oublié si longtemps. Son âme échappe donc au Diable, et l'auteur semble donner pour conclusion que le génie véritable, même séparé longtemps de la pensée du ciel, y revient toujours, comme au but inévitable de toute science et de toute activité.

En terminant cette appréciation des deux poèmes de Gœthe, nous regrettons de n'avoir pu y répandre peut-être toute la clarté désirable. La pensée même de l'auteur est souvent abstraite et voilée comme à dessein, et l'on est forcé alors d'en donner l'interprétation plutôt que le sens. C'est ce défaut capital, surtout pour le lecteur français, qui nous a obligé de remplacer par une analyse quelques parties accessoires du nouveau *Faust*. Nous avons tenté d'imiter, en cela du moins, la réserve et le goût si pur de M. le comte de Sainte-Aulaire, le premier traducteur de *Faust*, qui avait élagué, dans son travail sur la première partie, quelques scènes de sorcellerie, ainsi que l'inexplicable intermède de *la Nuit du sabbat*. La popularité acquise au premier *Faust* a pu donner depuis quelque intérêt à la traduction de ces morceaux mais ceux que nous avons omis, et qui, en Allemagne même, ont nui à la compréhension et au succès de tout l'ouvrage, auraient laissé moins encore à la traduction. Le passage que nous allons citer de Gœthe lui-même, et qui se rencontre dans ses Mémoires, est à la fois la critique d'une certaine poésie de mots plutôt que d'idées, et l'absolution de notre système de travail, si nous avons réussi à atteindre à la fois l'exactitude et l'élégance : « Honneur sans doute au rythme et à la rime, caractères primitifs et essentiels de la poésie. Mais ce qu'il y a de plus important, de fondamental, ce qui produit l'impression la plus profonde, ce qui agit avec le plus d'efficacité sur notre moral dans une œuvre poétique, c'est ce qui reste du poète dans une traduction en prose ; car cela seul est la valeur réelle de l'étoffe dans sa pureté, dans sa perfection. Un ornement éblouissant nous fait souvent croire à ce mérite réel quand il ne s'y trouve pas, et ne le dérobe pas moins souvent à notre vue quand il s'y trouve : aussi, lors de mes premières études, préférais-je les traductions en prose. On peut observer que les enfants se font un jeu de tout : ainsi le retentissement des mots, la cadence des vers les amusent, et, par l'espèce de parodie qu'ils en font en les lisant, ils font disparaître tout l'intérêt du plus bel ouvrage. Je croirais une traduction d'Homère en prose fort utile, pourvu qu'elle fût au niveau des progrès de notre littérature. » (Gœthe. — *Dichtung und Wahrheit*.)

1.3. L'ALLEMAGNE, LA VÉRITABLE PATRIE

Ce n'est pas un hasard qui a conduit Gérard à traduire les textes allemands. Plus que tout autre domaine littéraire, le romantisme d'outre-Rhin lui apportait la confirmation de son univers imaginaire ou réel. Les mêmes aspirations guidaient Klopstock, Schiller ou Heine ! Et comment ne pas reconnaître dans la chaîne « de la forme adorée, de la beauté à la fois idéale et réelle » qui conduit de Pétrarque et Dante à Heine le maillon qui manque ? Le texte cité est extrait d'un article consacré au poème « Intermezzo » et paru dans *la Revue des Deux Mondes* de 1848.

Heine n'a jamais créé de système, il est trop universel pour cela ; il n'a songé qu'à retrouver les traces et les contours oubliés de la beauté antique et divine. C'est le Julien de la poésie, plutôt encore que Gœthe, parce que, chez Gœthe, l'élément spiritualiste et nerveux prédomine beaucoup moins. On le reconnaîtra facilement par la citation que nous allons faire de l'un de ses poèmes. Nous ne craignons pas de jeter cette analyse poétique au milieu des préoccupations du moment, parce qu'il y a des sentiments qui font éternellement vibrer le cœur. L'histoire du cœur d'un grand poète n'est indifférente à personne. Chacun se reconnaît pour une part dans une telle analyse, comme, en voyant une pièce anatomique, on retrouve avec surprise les nerfs, les muscles et les veines que l'on sent vibrer en soi-même. Seulement un système particulier prédomine dans chaque organisation. À ce point de vue, tel poète, Gœthe par exemple, serait d'une nature musculeuse et sanguine. C'est le génie harmonieux de l'antiquité résultant de la force et du calme suprême. Une glaciale impartialité préside aux rapports qu'il établit entre lui et les autres, et l'on peut s'assurer que l'amour même aura chez lui des allures solennelles et classiques. Il lui faudra des obstacles calculés, des motifs tragiques de jalousie ou de désespoir ; il aimera la femme de son ami et se tuera de douleur, comme Werther, ou bien il adorera la sœur d'un prince et deviendra fou comme le Tasse, ou encore, ce sera un chassé-croisé de sentiments contraires comme dans *les Affinités électives,* ou bien l'amour dans des classes différentes comme l'amour d'Hermann pour Dorothée, de Claire pour Egmont. Dans *Faust,* on trouvera même des amours imprégnées de supernaturalisme ; mais l'analyse patiente et maladive d'un amour ordinaire, sans contrastes et sans obstacles, et tirant de sa substance propre ce qui le rend douloureux ou fatal, voilà ce qui appartient à une nature où la sensibilité nerveuse prédomine, comme celle de Henri Heine. L'antiquité n'a point laissé de traces d'une telle psychologie, qui prend évidemment sa source dans le sentiment biblique et chrétien. [...]

Comme tous les grands poètes, Heine a toujours la nature présente. Dans sa rêverie la plus abstraite, sa passion la plus abîmée en elle-même ou sa mélancolie la plus désespérée, une image, une épithète formant tableau, vous rappellent le ciel bleu, le feuillage vert, les fleurs épanouies, les parfums qui s'évaporent, l'oiseau qui s'envole, l'eau qui bruit, ce changeant et mobile paysage qui vous entoure sans cesse, éternelle décoration du drame humain. — Cet amour ainsi exhalé au milieu des formes, des couleurs et des sons, vivant de la vie générale, malgré l'égoïsme naturel à la passion, emprunte à l'imagination panthéiste du poète une grandeur facile et simple qu'on ne rencontre pas ordinairement chez les rimeurs élégiaques. Le sujet devient immense ; c'est, comme dans l'*Intermezzo,* la souffrance de l'âme aimant le corps, d'un esprit vivant lié à un charmant cadavre : ingénieux supplice renouvelé de *l'Énéide ;* c'est Cupidon ayant pour Psyché une bourgeoise de Paris ou de Cologne. Et cependant, qu'elle est adorablement vraie ! comme on la hait et comme on l'aime, cette bonne fille si mauvaise, cet être si charmant et si perfide, si femme de la tête aux pieds ! « Le monde dit que tu n'as pas un bon caractère, s'écrie tristement le poète ; mais tes baisers en sont-ils moins doux ? » Qui ne voudrait souffrir ainsi ? Ne rien sentir, voilà le supplice ; c'est vivre encore que de regarder couler son sang.

Ce qu'il y a de beau dans Henri Heine, c'est qu'il ne se fait pas illusion ; il accepte la femme telle qu'elle est, il l'aime malgré ses défauts et surtout à cause de ses défauts ; heureux ou malheureux, accepté ou refusé, il sait qu'il va souffrir, et il ne recule pas ; — voyageant, à sa fantaisie, du monde biblique au monde païen, il lui donne parfois la croupe de lionne et les griffes d'airain des chimères. La femme est la chimère de l'homme, ou son démon, comme vous voudrez, — un monstre adorable, mais un monstre ; aussi règne-t-il dans toutes ces jolies strophes une terreur secrète. Les roses sentent trop bon, le gazon est trop frais, le rossignol trop harmonieux ! — Tout cela est fatal ; le parfum asphyxie, l'herbe fraîche recouvre une fosse, l'oiseau meurt avec sa dernière note... Hélas ! et lui, le poète inspiré, va-t-il aussi nous dire adieu ?

2. L'EXPÉRIENCE DU SUJET
DANS LE MYTHE ROMANTIQUE

On a dit et répété sur tous les tons que l'époque romantique était avant tout caractérisée par l'omniprésence du *moi* dans la littérature. Une telle remarque paraît peu « pertinente » : *les Amours* de Ronsard ou les *Essais* de Montaigne ne sont-ils pas également des textes à travers lesquels s'épanche la subjectivité heureuse ou malheureuse de l'artiste ? C'est donc ailleurs que dans l'expérience du *moi* pur que l'on doit rechercher l'originalité de l'époque romantique.

2.1. L'ANGOISSE D'EXISTER

Ce qui, par-dessus tout autre événement, marque le romantique est proprement la découverte de la subjectivité : jusqu'alors, le sujet s'acceptait comme donné une fois pour toutes, sans que cela lui fît problème. Au contraire, l'œuvre romantique plonge ses racines dans le moment, ponctuel ou fluant, qui permet à son auteur de passer du « je » fictif de la littérature au « je » réel du vécu. Nous avons choisi d'illustrer ce moment de l'expérience romantique par quelques textes empruntés à la littérature française ainsi qu'aux autres domaines linguistiques (Allemagne, Angleterre, Italie).

Les deux premiers extraits, caractéristiques par leurs titres (« I feel I am » et « I am »), sont deux poèmes écrits par un des plus troublants et des plus fascinants écrivains anglais : John Clare (1793-1864). Étrange destinée, qui conduisit Clare à la folie, à la fois par nécessité, par faiblesse de constitution, et surtout par l'obsession d'un mythe féminin (Mary), lui aussi issu, comme pour Nerval, de curieuses symbioses entre le rêve et la réalité. Nous empruntons ici la merveilleuse traduction de M. Leyris (Mercure de France), qui rend toute la suavité angoissée de ces vers où le *moi* est une conquête en perpétuel danger.

JE SUIS

Je suis pourtant ce que je suis nul ne le sait ni n'en a cure
Mes amis m'ont abandonné comme l'on perd un souvenir
Je vais me repaissant moi-même de mes peines —
Elles surgissent pour s'évanouir — armée en marche vers l'oubli
Ombres parmi les convulsives les muettes transes d'amour —
Et pourtant je suis et je vis — ainsi que vapeurs ballottées

Dans le néant du mépris et du bruit
Dans la vivante mer des rêves éveillés

Où nul sentiment de la vie ne subsiste ni du bonheur
Rien qu'un grand naufrage en ma vie de tout ce qui me tient
    à cœur
Oui même mes plus chers soucis — les mieux aimés
Sont étrangers — plus étrangers que tout le reste

Je languis après un séjour que jamais homme n'a foulé
Un endroit où jamais encore femme n'a souri ni pleuré —
Pour demeurer avec mon Dieu mon Créateur
Et dormir de ce doux sommeil dont j'ai dormi dans mon enfance
Sans troubler — moi-même introublé où je repose
L'herbe sous moi — couvert par la voûte du ciel

JE SENS QUE JE SUIS

Je sens que je suis je sais seulement que je suis
Que je foule la terre non moins morne et vacant
Sa geôle m'a glacé de sa ration d'ennui
A réduit à néant mes pensées en essor
J'ai fui les rêves passionnés dans le désert
Mais le souci me traque — je sais seulement que je suis
J'ai été un être créé parmi la race
Des hommes pour qui ni temps ni lieux n'avaient de bornes
Un esprit voyageur qui franchissait l'espace
De la terre et du ciel comme une idée sublime —
Et libre s'y jouait comme mon Créateur
Une âme sans entraves — comme l'Éternité
Reniant de la terre le vain le vil servage
Mais à présent je sais que je suis — voilà tout

Poète de l'objet et adorateur de la Beauté, John Keats (1795-1821) fut atteint très tôt par une maladie incurable qui lui rendit encore plus chère la présence du temps. Sans cesse en quête d'un absolu esthétique qui se dérobait dans la parole qui tentait de l'appréhender, Keats, victime lui aussi d'une passion malheureuse, se retrouvait totalement dans la recherche d'un *moi* toujours hésitant entre la dissémination cosmique et la réduction de l'individuel. Les quelques vers que nous citons furent écrits peu de jours avant que ne meure le poète ; on y retrouve cette constante du romantique toujours en proie au vertige de l'instant face à l'éternel.

DERNIER MOMENT

Brillante étoile, puissé-je, constant comme tu l'es,
Non pas rester suspendu dans un magnifique isolement à la voûte
     de la nuit
Surveillant de mes paupières éternellement distantes,
Comme l'ermite patient et sans sommeil de la Nature,
Les eaux mouvantes dans leurs fonctions sacerdotales
D'ablutions purificatrices autour des rivages humains de l'univers ;
Non pas contempler le masque léger et fraîchement tombé,
Que la neige impose aux montagnes et aux marécages,
Non ! Mais puissé-je, toujours immobile, toujours immuable,
Avoir pour oreiller le sein épanoui de ma belle amante
Pour sentir à jamais son rythme léger
Éveillé à jamais par une délicieuse insomnie,
Toujours, toujours écouter sa tendre respiration
Et vivre ainsi éternellement ou m'évanouir dans la nuit.

                                   Traduit par Léon Bocquet.

On sait que les romantiques allemands, plus que tous leurs homologues étrangers, eurent la passion du *moi*. C'est Werther qui donne naissance à René ou Adolphe ; c'est Novalis qui inspire les plus belles pages de mysticisme romanesque (le mythe de la « petite fleur bleue »)... C'est surtout Jean-Paul Richter (1763-1825) qui oriente toute la littérature européenne vers l'exploration de la subjectivité inconsciente : ses *Rêves* traduisent à la fois le désir d'affirmer l'existence d'une nouvelle dimension humaine (le *moi* et l'inconscient) et la volonté d'en percer les portes secrètes.

> Un matin, tout enfant encore, je me tenais sur le seuil de la maison et je regardais à gauche, vers le bûcher, lorsque soudain me vint du ciel, comme un éclair, cette idée : je suis un *moi*, qui dès lors ne me quitta plus ; mon *moi* s'était vu lui-même pour la première fois, et pour toujours.

Un autre poète germanique a ressenti la douleur d'être un individu conscient de son état : Chamisso (1781-1838), que sa double nature fit perpétuellement osciller entre l'affirmation romantique et l'affirmation classique, ici effritement de lui-même, là permanence de la nature humaine, ici individu fluide, là entité sociale indivisible.

> Je suis Français en Allemagne et Allemand en France, catholique chez les protestants, protestant chez les catholiques, philosophe chez les gens religieux et cagot chez les gens sans préjugés, homme du monde chez les savants et pédant dans le monde, jacobin chez les aristocrates et, chez les démocrates, un noble, un homme de l'Ancien Régime ; je suis étranger partout. Je voudrais trop étreindre, tout m'échappe, je suis malheureux.

L'un des textes les plus caractéristiques de ce double mouvement de joie et d'angoisse devant l'affirmation de soi est probablement le long roman épistolaire de Senancour (1770-1846), *Oberman*, publié en 1804. À travers les affres de son héros, c'est toute une nouvelle littérature qui naît avec ce roman : méditations nocturnes, abandon aux souffrances morales, désir de sublimer sa personnalité... Oberman est sans doute le frère de René, mais il pousse plus loin que le héros de Chateaubriand la démarche introspective. Avec lui, la littérature cesse d'être un assemblage de thèmes pour devenir un mode de pensée.

> Il était minuit ; la lune avait passé ; le lac semblait agité ; les cieux étaient transparents, la nuit profonde et belle. Il y avait de l'incertitude sur la terre. On entendit frémir les bouleaux, et des feuilles de peuplier tombèrent : les pins rendirent des murmures sauvages ; des sons romantiques descendaient de la montagne ; de grosses vagues roulaient sur la grève. Alors, l'effraie se mit à gémir sous les roches caverneuses ; et quand elle cessa, les vagues étaient affaiblies, le silence fut austère.
> Le rossignol plaça de loin en loin, dans la paix inquiète, cet accent solitaire, unique et répété, ce chant des nuits heureuses, sublime expression d'une mélodie primitive : indicible élan d'amour et de douleur, voluptueux comme le besoin qui me consume ; simple, mystérieux, immense comme le cœur qui aime.

> Abandonné dans une sorte de repos funèbre au balancement mesuré de ces ondes pâles, muettes, à jamais mobiles, je me pénétrai de leur mouvement toujours lent et toujours le même, de cette paix durable, de ces sons isolés dans le long silence. La nature me sembla trop belle, et les eaux, et la terre, et la nuit trop faciles, trop heureuses ; la paisible harmonie des choses fut sévère à mon cœur agité. Je songeai au printemps du monde périssable et au printemps de ma vie. Je vis ces années qui passent, tristes et stériles, de l'éternité future dans l'éternité perdue. Je vis ce présent, toujours vain et jamais

possédé, détacher du vague avenir sa chaîne indéfinie; approcher ma mort enfin visible, traîner dans la nuit les fantômes de mes jours, les atténuer, les dissiper, atteindre la dernière ombre, dévorer aussi froidement ce jour après lequel il n'en sera plus, et fermer l'abîme muet.

Comme si tous les hommes n'avaient point passé et tous passé en vain! Comme si la vie était réelle, et existante essentiellement! Comme si la perception de l'univers était l'idée d'un être positif, et le moi de l'homme quelque autre chose que l'expression accidentelle d'une harmonie éphémère! Que suis-je? Que demander à la nature? Est-il un système universel, des convenances ordonnées, des droits selon nos besoins? L'intelligence conduit-elle les résultats que mon intelligence voudrait attendre? Toute cause est invisible, toute fin trompeuse; toute forme change, toute durée s'épuise : et le tourment du cœur insatiable est le mouvement aveugle d'un météore errant dans le vide où il doit se perdre. Rien n'est possédé comme il est conçu; rien n'est connu comme il existe. Nous voyons les rapports, et non les essences : nous n'usons pas des choses, mais de leurs images. Cette nature cherchée au-dehors et impénétrable dans nous est partout ténébreuse. *Je sens* est le seul mot de l'homme qui ne veut que des vérités. Et ce qui fait la certitude de mon être en est aussi le supplice. Je sens, j'existe pour me consumer en désirs indomptables, pour m'abreuver de la séduction d'un monde fantastique, pour rester atterré de sa voluptueuse erreur.

Chez un écrivain aussi lucide que Vigny, et sans doute en raison même de cette lucidité, la surrection de la conscience est aussi liée au problème de l'unité de la personnalité : tâche délicate qui voudrait concilier la pente du rêve et la réalité, l'erreur et la vérité, dans un même moment d'extase figé. La réflexion ci-dessous est extraite du *Journal d'un poète*, publié en 1867 mais écrit entre 1830 et 1865.

> *Ce qui se fait* et *ce qui se dit* par moi ou par les autres m'a toujours été trop peu important. Dans le moment même de l'action et de la parole, je suis ailleurs, je pense à autre chose; *ce qui se rêve* est tout pour moi.
> Là est le monde meilleur que j'attends, que j'implore de moment en moment.
> On est longtemps à se rendre compte de son caractère et à s'expliquer le *pourquoi de soi-même*.
> J'ai souffert longtemps de cette tyrannique distraction. L'imagination m'emporte vers des suppositions délicieuses et impossibles et rend ce que je dis plus froid, moins senti, parce que je rêve à ce que je voudrais dire ou à ce que je voudrais m'entendre dire pour être plus heureux.

2.2. LES VOIES DE PÉNÉTRATION DE LA SUBJECTIVITÉ

L'accession à la véritable face de la conscience est avant tout l'œuvre du romantisme allemand, mouvement confus dans son déroulement, complexe dans ses ambitions, mais profondément novateur dans ses réalisations. (Sur ce problème important et difficile, on lira le bel ouvrage d'Albert Béguin, *l'Âme romantique et le rêve*, Paris, Corti, 1945.) Qu'il s'agisse de l'exploration systématique du rêve telle que l'a tentée un Jean-Paul, de la folie vécue dans ses retentissements internes les plus vibrants comme l'exprime l'attitude de Hölderlin ou de la folie révélatrice d'un monde différent ainsi que les personnages de Hoffmann semblent l'affirmer, c'est le revers de l'expérience diurne qui fournit à la littérature germanique romantique ses principales sources d'analyse.

En France, l'ampleur des expériences de rêve ou de folie ne parviendra que rarement à une telle maturité (exception faite de Nerval et de quelques romantiques dits « mineurs », ce n'est qu'à la fin du siècle, avec Lautréamont ou Rimbaud, et surtout dans le premier tiers du XXᵉ siècle, avec le mouvement surréaliste, que les sens déréglés feront véritablement leur entrée dans les lettres françaises) : toutefois, l'œuvre d'un Nodier (1780-1844), volontiers qualifiée de « fantastique », est révélatrice de la fascination exercée par la « vie nocturne » sur l'individu. Ses contes les plus remarquables (*Trilby, Smarra*) se centrent tous sur des expériences de rêves créateurs d'une surréalité fascinante, à mi-chemin du réel et du « merveilleux ».

> Je revins triomphant, et toutefois haletant de fatigue et de terreur, — cherchant toutes les portes, mais elles étaient murées, ou présentaient à peine des passages si étroits qu'une couleuvre n'aurait osé s'y introduire, — ébranlant le cordon de toutes les sonnettes, mais toutes les sonnettes frappaient en vain leurs limbes de liège, d'un battail de queue d'écureuil, — implorant à grands cris une parole, une seule parole ; mais ces cris, qui n'étaient entendus que de moi, ne pouvaient s'échapper de ma poitrine prête à éclater, et venaient expirer sur mes lèvres muettes comme l'écho d'un souffle.
>
> On me trouva le lendemain, couché à plat auprès de mon lit, le portefeuille du bailli d'une main, et un couteau de l'autre. Je dormais.

L'immense œuvre hugolien présente fatalement des thèmes de paraconscience : toutefois, l'écrivain ne s'abandonne jamais totalement à son délire, il tente de le maîtriser avant même de le coucher sur le papier. De ce fait, le fantastique hugolien n'est jamais affaire d'événement, mais problème d'atmosphère. Témoin ces deux fragments relatifs au poète lui-même et révélateurs de l'inconscient dirigé de Hugo.

À cette heure de nuit où l'homme vague et trouble,
Chair, âme, entre la terre et le ciel se sent double,
Quelquefois, à l'instant où je vais m'endormir,
Où tous les flots de l'ombre en moi viennent frémir,
Une idée apparaît à mon esprit, et passe;
Ou quelque vers profond serpente dans l'espace,
Espèce de poisson ondoyant du sommeil;
Un moment je l'admire, étrange, obscur, vermeil,
Et, si je veux le prendre, il fuit, se mêle aux ombres,
Et s'enfonce à jamais dans les profondeurs sombres.

9 mars 1856. *Après avoir perdu cette nuit un vers que je regrette.*

L'ombre emplit la maison de ses souffles funèbres.
Il est nuit. Tout se tait. Les formes des ténèbres
Vont et viennent autour des endormis gisants.
Pendant que je deviens une chose, je sens
Les choses près de moi qui deviennent des êtres,
Mon mur est une face et voit; mes deux fenêtres,
Blêmes sur le ciel gris, me regardent dormir.

Nuit du 26 au 27 mars 1854. Demi-sommeil.

Avec Louis (dit « Aloysius ») Bertrand (1807-1841), dont l'œuvre
mince se réduit presque entièrement aux poèmes en prose du
Gaspard de la nuit (publié en 1842 par les soins de Sainte-Beuve),
le rêve fantasmagorique devient plus qu'un thème littéraire : il est
un mode de pensée et de vie. Qu'on lise la préface du recueil pour
comprendre jusqu'à quel point l'imagination, dilatée par les ressources de l'onirisme, peut devenir un facteur de révélation.

Je sortais le matin de ma demeure et je n'y rentrais que le
soir. — Tantôt, accoudé sur le parapet d'un bastion en ruines,
j'aimais, pendant de longues heures, à respirer le parfum sauvage et pénétrant du violier qui mouchette de ses bouquets
d'or la robe de lierre de la féodale et caduque citadelle de
Louis XI; à voir s'accidenter le paysage tranquille d'un coup
de vent, d'un rayon de soleil ou d'une ondée de pluie, le bec-
figue et les oisillons des haies se jouer dans la pépinière épar-
pillée d'ombres et de clartés, les grives, accourues de la montagne, vendanger la vigne assez haute et touffue pour cacher
le cerf de la fable, les corbeaux s'abattre de tous les points
du ciel, en bandes fatiguées, sur la carcasse d'un cheval abandonné par le pialey dans quelque bas-fond verdoyant; à écouter les lavandières qui faisaient retentir leur « rouillot » joyeux
au bord du Suzon et l'enfant qui chantait une mélodie plaintive
en tournant sous la muraille la roue du cordier. — Tantôt
je frayais à mes rêveries un sentier de mousse et de rosée,
de silence et de quiétude, loin de la ville. Que de fois j'ai ravi
leurs quenouilles de fruits rouges et acides aux halliers mal

hantés de la fontaine de Jouvence et de l'hermitage de Notre-Dame-d'Étang, la fontaine des Esprits et des Fées, l'hermitage du Diable ! Que de fois j'ai ramassé le buccin pétrifié et le corail fossile sur les hauteurs pierreuses de Saint-Joseph, ravinées par l'orage ! Que de fois j'ai pêché l'écrevisse dans les gués échevelés des Tilles, parmi les cressons qui abritent la salamandre glacée et parmi les nénuphars dont bâillent les fleurs indolentes ! Que de fois j'ai épié la couleuvre sur les plages embourbées de Saulons, qui n'entendent que le cri monotone de la foulque et le gémissement funèbre du grèbe ! Que de fois j'ai étoilé d'une bougie les grottes souterraines d'Asnières où la stalactite distille avec lenteur l'éternelle goutte d'eau de la clepsydre des siècles ! Que de fois j'ai hurlé de la corne sur les rocs perpendiculaires de Chèvre-Morte, la diligence gravissant péniblement le chemin à trois cents pieds au-dessous de mon trône de brouillards ! Et les nuits même, les nuits d'été, balsamiques et diaphanes, que de fois j'ai gigué comme un lycanthrope autour d'un feu allumé dans le val herbu et désert, jusqu'à ce que les premiers coups de cognée du bûcheron ébranlassent les chênes !

Surtout, que l'on s'arrête sur trois rêves du poète pour voir se dessiner les colorations nouvelles d'une réalité évanescente mais prestigieuse, conquise mais destinée à la perte immédiate. Les deux premiers « rêves » sont extraits du *Gaspard*, le dernier de « Bambochades romantiques » publiées dans la presse romantique.

UN RÊVE

> J'ai rêvé tant et plus, mais je n'y entends note.
> *Pantagruel*, livre III.

Il était nuit. Ce furent d'abord, — ainsi j'ai vu, ainsi je raconte, — une abbaye aux murailles lézardées par la lune, — une forêt percée de sentiers tortueux, — et le Morimont grouillant de capes et de chapeaux.

Ce furent ensuite, — ainsi j'ai entendu, ainsi je raconte, — le glas funèbre d'une cloche auquel répondaient les sanglots funèbres d'une cellule, — des cris plaintifs et des rires féroces dont frissonnait chaque feuille le long d'une ramée, — et les prières bourdonnantes des pénitents noirs qui accompagnaient un criminel au supplice.

Ce furent enfin, — ainsi s'acheva le rêve, ainsi je raconte, — un moine qui expirait couché dans la cendre des agonisants, — une jeune fille qui se débattait pendue aux branches d'un chêne. — Et moi que le bourreau liait échevelé sur les rayons de la roue.

Dom Augustin, le prieur défunt, aura, en habit de cordelier, les honneurs de la chapelle ardente ; et Marguerite, que son amant a tuée, sera ensevelie dans sa blanche robe d'innocence, entre quatre cierges de cire.

Mais moi, la barre du bourreau s'était, au premier coup, brisée comme un verre, les torches des pénitents noirs s'étaient éteintes sous des torrents de pluie, la foule s'était écoulée avec les ruisseaux débordés et rapides, — et je poursuivais d'autres songes vers le réveil.

SCARBO

> Il regarda sous le lit, dans la cheminée, dans le bahut ; personne. Il ne put comprendre par où il s'était introduit, par où il s'était évadé.
>
> HOFFMANN, *Contes nocturnes.*

Oh ! que de fois je l'ai entendu et vu, Scarbo, lorsqu'à minuit la lune brille dans le ciel comme un écu d'argent sur une bannière d'azur semée d'abeilles d'or !

Que de fois j'ai entendu bourdonner son rire dans l'ombre de mon alcôve, et grincer son ongle sur la soie des courtines de mon lit !

Que de fois je l'ai vu descendre du plancher, pirouetter sur un pied et rouler par la chambre comme le fuseau tombé de la quenouille d'une sorcière !

Le croyais-je alors évanoui ? le nain grandissait entre la lune et moi, comme le clocher d'une cathédrale gothique, un grelot d'or en branle à son bonnet pointu !

Mais bientôt son corps bleuissait, diaphane comme la cire d'une bougie, son visage blêmissait comme la cire d'un lumignon, — et soudain il s'éteignait.

On relèvera dans ces extraits les éléments semblables qui permettent de parler d' « expérience romantique de la subjectivité ». On tentera d'en définir les raisons à partir d'approches multiples (politiques : influence de la Révolution française sur les esprits ; littéraires : réactions contre le siècle des lumières, le classicisme, l'*Aufklärung* ; économiques : le besoin de préserver un domaine « humain » dans un univers que ronge la machine, etc.).

Dans les extraits de 2.2., on s'efforcera d'étudier la réalisation de l'expérience du rêve et l'on comparera avec le second chapitre de *Sylvie*.

3. LA FEMME ROMANTIQUE :
CHIMÈRE, MYTHE OU RÉALITÉ ?

Le début de *Sylvie* plonge le lecteur dans une époque définie par son flou et son incertitude (lignes 42-60); et l'amour est de loin l'élément le plus important de l'atmosphère de cette période étrange.

Il n'est, en effet, pas de romantisme sans passion, et les noms de Marie Dorval, Juliette Drouet, George Sand sont devenus indissociables de ceux de Vigny, Hugo ou Musset. Ange ou démon, salvatrice ou tentatrice, la Femme est celle par qui le mythe romantique s'épanche dans la réalité. C'est elle qui fait surgir au poète son néant. Elle aussi qui l'initie à la douleur ou à la joie. Elle, enfin, qui seule peut se camper face au héros romantique.

De sa douloureuse passion pour Fanny Brawne (rencontrée en 1818, mais qu'il ne put jamais épouser), Keats a su tirer une féconde inspiration, tantôt directe (comme dans le poème « À Fanny »), tantôt indirecte (comme dans le cas de la célèbre ballade de « la Belle Dame sans merci », où se retrouvent tous les thèmes chers au romantisme ossianique britannique).

À FANNY

J'implore votre merci — pitié, — amour! — oui, l'amour,
l'amour miséricordieux qui n'irrite pas le désir,
qui n'a qu'une pensée, ne vagabonde jamais, l'amour sans astuce,
sans masque, et quand on le voit, sans tache!
Oh! que tout votre être — tout, tout, soit mien :
cette forme, cette beauté, cette douce et légère marque
d'amour, votre baiser, — ces mains, ces yeux divins,
cette brûlante, blanche, lumineuse poitrine prometteuse de mille
     plaisirs,
vous-même, votre âme, par pitié donnez-moi tout.
Ne me refusez pas un atome d'amour ou je meurs,
ou vivant, peut-être, votre esclave infortuné
oubliera, au fond de son impuissante misère,
le but de sa vie, le palais de mon esprit
perdant son goût et mon aveugle ambition.

Traduit par Léon Bocquet.

LA BELLE DAME SANS MERCI

Quel mal te point, ô Chevalier en armes,
     Solitaire errant au pâle visage?
Les joncs en flétrissant ont déserté le lac,
     Et nul oiseau ne chante!

Quel mal te point, ô Chevalier en armes,
    Toi si défait, harassé d'infortune ?
L'écureuil a rempli ses greniers,
    Et la moisson est faite.

Je vois un lys sur ton front
    Qui suinte l'angoisse et se perle de fièvre,
Et sur ta joue une rose qui se fane
    Vitement aussi se flétrit.

J'ai rencontré une Dame par les prairies,
    De radieuse beauté, fille de fée ;
Elle avait longs cheveux, son pied était léger,
    Ses yeux étaient sauvages.

Je fis pour sa tête une guirlande,
    Des bracelets aussi et une ceinture embaumée ;
Elle me regarda comme elle m'eût aimé
    Et fit douce plainte.

Je la mis sur mon destrier qui cheminait
    Et rien d'autre ne vis tout le long du jour,
Pour ce que de côté se penchait et me chantait
    Chanson de fée.

Elle me trouva racines de douce saveur,
Miel sauvage et manne de rosée,
Et sur ma foi en étrange langage elle dit
    « Je t'aime de vrai amour. »

Elle me mena à sa grotte enchantée.
    Et là pleura et soupira d'amère douleur,
Et là je fermai ses yeux sauvages, sauvages
    De quatre baisers.

Et elle m'y berça jusqu'au sommeil,
Et j'y rêvai — Ah, malheur à moi !
Le dernier rêve que j'aie jamais rêvé
    Au flanc glacé de la colline.

Je vis rois pâles, princes aussi
    Pâles guerriers, pâles tous comme la mort ;
Ils crièrent — « La Belle Dame sans Merci
    Te tient en servitude ! »

Je vis leurs lèvres décharnées, au crépuscule
    Pour d'affreuses adjurations largement béantes,
Et je me suis éveillé et retrouvé ici
    Au flanc glacé de la colline.

Et c'est pourquoi je hante ces lieux
  Solitaire errant au pâle visage,
Bien que les joncs flétris aient déserté le lac
  Et que nul oiseau ne chante.

Traduit par VICTOR THAUBOIS.

De même, la littérature allemande abonde en textes où l'amour et le mysticisme se fondent pour réaliser l'œuvre d'art. Il n'est que de citer les noms de Hölderlin et de Novalis pour qu'aussitôt apparaissent la figure rédemptrice de Diotima ou la célèbre « blaue Blume » de *Heinrich von Ofterdingen*. C'est toutefois un autre écrivain, le plus francophile de tous, Heinrich Heine (1797-1856), qui nous a fourni l'illustration du mythe féminin avec la célèbre *Lorelei*, symbole inaccessible de l'éternel féminin.

LORELEI

Je ne sais ce que signifie la mélancolie qui m'accable ; il est un conte des vieux âges qui ne me sort pas de l'esprit.
L'air est frais, la nuit tombe et le Rhin coule silencieux ; le sommet de la montagne s'illumine des rayons du couchant.
Là-haut, merveilleusement belle, la plus belle vierge est assise ; sa parure d'or étincelle ; elle peigne ses cheveux d'or.
Elle les peigne avec un peigne d'or, tout en chantant une chanson, d'une mélodie enivrante et funeste.
Le batelier dans sa barquette, pris d'un égarement farouche, ne voit plus les récifs du fleuve ; son regard est rivé là-haut sur la montagne.
Je crois qu'à la fin les vagues engloutissent batelier et bateau ; et c'est la Lorelei qui a causé cela avec sa chanson.

Le Retour, 1823-1824.

Seul poète de valeur du romantisme hispanique, Gustave Becquer (1836-1870) subit lui aussi la fascination du regard féminin. Le texte que nous citons est caractéristique de l'imagination romantique en quête d'un monde attrayant (voir surtout Hugo). La femme devient alors, comme chez Nerval, la médiatrice, l'initiatrice, celle par qui s'ouvrent les portes gardées du mystère.

TES YEUX

Je t'ai vue un instant, et dans mes yeux, flottante,
l'image de tes yeux est demeurée,
comme une tache sombre ourlée de feu
flotte et aveugle qui regarde le soleil.

Partout où mon regard se fixe,
je vois flamboyer leurs pupilles,
mais ne te trouve pas toi-même :
des yeux, les tiens, et plus rien d'autre.

Dans l'angle de ma chambre je les vois,
ils luisent seuls, fantastiques.
Je les sens qui planent dans mon sommeil,
tout grands ouverts sur moi.

Je sais que dans la nuit des feux follets
conduisent à sa perte un voyageur;
or je me sens par tes yeux entraîné,
mais je ne sais où ils m'entraînent.

Enfin, nous donnons un extrait du poème tragique de Musset,
la Coupe et les lèvres. Tous les thèmes obsessionnels du poète se
retrouvent dans ces vers; on notera en particulier la couleur éro-
tique de la poésie de Musset, par opposition à la vaporeuse épura-
tion des textes précédents.

LA SIRÈNE

C'est bien elle; elle approche, elle vient, — la voilà.
Voilà bien ce beau corps, cette épaule charnue,
Cette gorge superbe et toujours demi-nue,
Sous ces cheveux plaqués ce front stupide et fier
Avec ces deux grands yeux qui sont d'un noir d'enfer,
Voilà bien la sirène et la prostituée; —
Le type de l'égout; — la machine inventée
Pour dépoiler l'homme et pour boire son sang;
La meule de pressoir de l'abrutissement.
Quelle atmosphère étrange on respire autour d'elle !
Elle épuise, elle tue, et n'en est que plus belle.
Deux anges destructeurs marchent à son côté;
Doux et cruels tous deux, — la mort, — la volupté.
    Je me souviens encor de ces spasmes terribles,
De ces baisers muets, de ces muscles ardents,
De cet être absorbé, blême et serrant les dents.
S'ils ne sont pas divins, ces moments sont horribles.
Quel magnétisme impur peut-il donc en sortir ?
Toujours en l'embrassant j'ai désiré mourir,
    Ah ! malheur à celui qui laisse la débauche
Planter le premier clou sous sa mamelle gauche !
Le cœur d'un homme vierge est un vase profond :
Lorsque la première eau qu'on y verse est impure,
La mer y passerait sans laver la souillure,
Car l'abîme est immense, et la tache est au fond.

Soulignez dans ces textes les éléments qui marquent l'unité de la vision romantique du « mythe féminin » :
— idéalisation de la figure aimée (cf. *Sylvie*, I) ;
— tendance au « masochisme » dans l'exaltation mystique de la souffrance ;
— une religion de l'amour entraînant un nouveau statut (artistique et sentimental) des relations amoureuses. La position originale de Nerval dans ce concert : montrez en quoi l'attitude nervalienne résume, mais surtout transcende ces positions.
Un renversement des valeurs : en vous appuyant sur les textes classiques que vous connaissez (tragédies, romans), vous tenterez de définir comment se marque l'évolution du sentiment amoureux et surtout comment évolue l'héroïsme du classicisme au romantisme.

4. « CE SOUVENIR
EST UNE OBSESSION PEUT-ÊTRE »

Jean Richer a justement prétendu que « *Sylvie* et *Aurélia* ne sont qu'un seul et unique récit suivi » qui aurait explosé au profit de textes séparés. Si les deux œuvres participent du « même univers mental », il est possible d'y retrouver l'écho, même modulé, des obsessions dont parle le narrateur dans la nouvelle des *Filles du feu*. Mais il est bien évident que c'est tout autant dans le *Voyage en Orient* que dans les *Chimères*, dans les *Promenades et Souvenirs du Valois* que dans *Pandora* qu'il convient de rechercher les thèmes majeurs qui courent à travers l'œuvre nervalien.

4.1. ÉBAUCHES NERVALIENNES

En rapport avec *Sylvie*, nous proposons d'abord trois textes qui sont, à des titres divers, les incarnations non polies de la nouvelle du Valois. « Emérance » est en réalité composé de deux fragments qui présentent les deux figures de l'univers féminin du narrateur, la première proche de Sylvie, la seconde d'Aurélie. Le style et l'atmosphère font songer très nettement à *Sylvie*, et l'on peut regretter avec Henri Lemaître qu' « Emérance n'ait pu s'épanouir auprès de ses compagnes de rêve ».

Le second texte rappelle l'enfance et son paradis pur trahi par l'âge de l'expérience ; là encore se retrouve la multiplicité du visage féminin, fondamental dans le mythe nervalien. Quant au dernier fragment, il « est comme l'acte de naissance du personnage de Sylvie, qui y apparaît pour la première fois » (Lemaître).

[ÉMÉRANCE]

Quand on quitte Paris transfiguré par ses constructions nouvelles, on trouve sans doute un certain charme à revoir une ville où rien n'a changé. Je n'abuserai pas de cette impression toute personnelle.

La cathédrale, l'église Saint-Pierre, les tours romaines, Saint-Vincent ont des aspects qui me sont chers, mais ce que j'aime surtout, c'est la physionomie calme des rues, l'aspect des petits intérieurs empreints déjà d'une grâce flamande, la beauté des jeunes filles dont la voix est pure et vibrante, dont les gestes ont de l'harmonie et de la dignité. Il y a là une sorte d'esprit citadin qui tient au rang qu'occupait autrefois la ville et peut-être à ce que les familles ne s'unissent guère qu'entre elles. Beaucoup portent avec fierté des noms bourgeois célèbres dans les sièges et dans les combats de Senlis.

Au bas de la rue de la Préfecture est une maison devant laquelle je n'ai pu passer sans émotion. Des touffes de houblon et de vigne vierge s'élancent au-dessus du mur ; une porte à claire-voie permet de jeter un coup d'œil sur une cour cultivée en jardin dans sa plus grande partie qui conduit à un vestibule et à un salon placés au rez-de-chaussée. Là demeurait une belle fille blonde qui s'appelait Émérance. Elle était couturière et vivait avec sa mère, bonne femme qui l'avait beaucoup gâtée et une sœur aînée qu'elle aimait peu, je n'ai jamais su pourquoi. J'étais reçu dans la maison par suite de relations d'affaires qu'avait la mère avec une de mes tantes et, tous les soirs pendant longtemps, j'allais chercher la jeune fille pour la conduire soit aux promenades situées [...]

[...] Un rayon de soleil est venu découper nettement la merveilleuse architecture de la cathédrale. Mais ce n'est plus le temps des descriptions gothiques, j'aime mieux ne jeter qu'un coup d'œil aux frêles sculptures de la porte latérale qui correspond au prieuré. Que j'ai vu là de jolies filles autrefois ! L'organiste avait établi tout auprès une classe de chant et quand les demoiselles en sortaient le soir, les plus jeunes s'arrêtaient pour jouer et chanter sur la place. J'en connaissais une grande, nommée Émérance, qui restait aussi pour surveiller sa petite sœur. J'étais plus jeune qu'elle et elle ne voyait pas d'inconvénient à ce que je l'accompagnasse dans la ville et dans les promenades, d'autant que je n'étais alors qu'un collégien en vacances chez une de mes tantes. Je n'oublierai jamais le charme de ces soirées. Il y a sur la place un puits surmonté d'une haute armature de fer. Émérance s'asseyait d'ordinaire sur une pierre basse et se mettait à chanter, ou bien elle organisait les chœurs des petites filles et se mêlait à leurs danses. Il y avait des moments où sa voix était si tendre, où elle-même s'inspirait tellement de quelque ballade langoureuse du pays, que nous nous serrions les mains avec une émotion indicible. J'osais quelquefois l'embrasser sur le col, qu'elle avait si blanc, que c'était là une tentation bien naturelle, quelquefois elle s'en défendait et se levait d'un air fâché.

J'avais à cette époque la tête tellement pleine de romans à teinte germanique, que je conçus pour elle la passion la plus insensée ; ce qui me piquait surtout, c'est qu'elle avait l'air de me regarder comme un enfant peu compromettant sans doute. L'année suivante, je fis tout pour me donner un air d'homme et je parus avec des moustaches, ce qui était encore assez nouveau dans la province pour un jeune homme de l'ordre civil.

Je fis part en outre à Émérance du projet que j'avais [...]

[UN SOUVENIR]

Un souvenir, mon ami. Nous ne vivons qu'en avant ou en arrière. Vous êtes à Saint-Germain, j'y crois être encore.

Dans les intervalles de mes études, j'allais parfois m'asseoir à la porte hospitalière d'une famille du pays. Les beaux yeux de la douce Sidonie m'y retenaient parfois jusque fort avant dans la nuit. Souvent, je me levais dès l'aube et je l'accompagnais, soit à Mareil, me chargeant avec joie des légers fardeaux qu'on lui remettait. Un jour, c'était en carnaval, nous étions chez sa vieille tante, à Carrière ; elle eut la fantaisie de me faire vêtir les habits de noce de son oncle et s'habilla avec la robe à falbalas de sa tante. Nous regagnâmes Saint-Germain ainsi accoutrés. La terrasse était couverte de neige, mais nous ne songions guère au froid et nous chantions des airs du pays. À tout instant, nous voulions nous embrasser ; seulement, au pied du pavillon Henri IV, nous rencontrâmes trois visages sévères. C'était ma tante et deux de ses amies. Je voulus m'esquiver, mais il était trop tard et je ne pus échapper à une verte réprimande ; le chien lui-même ne me reconnaissait plus et s'unissait en aboyant à cette mercuriale trop méritée. Le soir, nous parûmes au bal du théâtre avec grand éclat. Ô tendres souvenirs des aïeux ! brillants costumes profanés dans une nuit de folie, que vous m'avez coûté de larmes ! L'ingrate Sophie elle-même trahit son jeune cavalier pour un garde-du-corps de la compagnie de Grammont.

[SYLVAIN ET SYLVIE]

En regardant les grands arbres qui ne conservaient au sommet qu'un bouquet de feuilles jaunies, mon ami Sylvain me dit :
« Te souviens-tu du temps où nous parcourions ces bois,

quand tes parents te laissaient venir chez nous, où tu avais d'autres parents?... Quand nous allions tirer les écrevisses des pierres, sous les ponts de la Nonette et de l'Oise..., tu avais soin d'ôter tes bas et tes souliers, et on t'appelait : petit Parisien?

— Je me souviens, lui dis-je, que tu m'as abandonné une fois dans le danger. C'était à un remous de l'Oise, vers Neufmoulin, — je voulais absolument passer l'eau pour revenir par un chemin plus court chez ma nourrice. — Tu me dis : « On peut passer. » Les longues herbes et cette écume verte qui surnage sur les coudes de nos rivières me donnèrent l'idée que l'endroit n'était pas profond. Je descendis le premier. Puis je fis un plongeon dans sept pieds d'eau. Alors tu t'enfuis, craignant d'être accusé d'avoir laissé se *nayer* le *petit Parisien*, et résolu à dire, si l'on t'en demandait des nouvelles, qu'il était allé *où il avait voulu*. — Voilà les amis. »
Sylvain rougit et ne répondit pas.

« Mais ta sœur, ta sœur qui nous suivait — pauvre petite fille — pendant que je m'abîmais les mains en me retenant, après mon plongeon, aux feuilles coupantes des iris, se mit à plat ventre sur la rive et me tira par les cheveux de toute sa force.

— Pauvre Sylvie! dit en pleurant mon ami.

— Tu comprends, répondis-je, que je ne te dois rien...

— Si; je t'ai appris à monter aux arbres. Vois ces nids de pies qui se balancent encore sur les peupliers et sur les châtaigniers — je t'ai appris à les aller chercher —, ainsi que ceux des piverts — situés plus haut au printemps. Comme Parisien, tu étais obligé d'attacher à tes souliers des *griffes* en fer, tandis que moi je montais avec mes pieds nus !

— Sylvain, dis-je, ne nous livrons pas à des récriminations. Nous allons voir la tombe où manquent les cendres de Rousseau. Soyons calmes. — Les souvenirs qu'il a laissés ici valent bien ses restes. »

4.2. LES *LETTRES À AURÉLIA*

Les quatre lettres que nous donnons sont extraites des *Lettres à Aurélia* (également nommées par les éditeurs *Lettres à Jenny Colon*), à l'histoire romanesque et au destin bizarre. Six d'entre elles (elles sont vingt-deux) devaient d'abord faire partie d'un projet romanesque que Nerval désigne par *Un roman à faire*. Comme le récit ne voyait pas le jour, Gérard décida d'en éditer une (la troisième) dans les journaux, puis dans *les Filles du feu* sous le titre d'*Octavie*. Voilà, très brièvement résumée, l'aventure éditoriale du destin des lettres. (Il faudrait y ajouter les difficultés actuelles d'établissement définitif du texte de façon quasi sûre !) Reste à voir la signification d'une correspondance dans l'œuvre de Gérard. Là encore, les points de vue divergent, mais il semble que l'on puisse adopter le sentiment de Henri Lemaître : « Tous les documents relatifs à ces textes confirment donc qu'il s'agit bien là d'une œuvre de fiction, plus qu'à demi onirique, comme *Aurélia*, comme *les Filles du Feu*, mais nourrie d'autobiographie transposée et de souvenirs livresques, comme tout ce qu'a écrit Nerval. Œuvre éminemment *littéraire*, et qu'il faut lire comme telle, en se souvenant que l'obsession caractéristique du roman par lettres, même si elle se nourrit de souvenirs et d'expériences personnelles, se nourrit aussi, et peut-être surtout, de littérature, et devient l'une des multiples formes prises dans l'œuvre de Nerval par l' « *épanchement du songe « dans la vie réelle* », cela sous le signe de *la Nouvelle Héloïse* et de ses épigones. Et dans le texte même des lettres, Nerval ne manque pas de souligner quel *beau roman* elles pourraient faire ! »

VII

Vous vous trompez, Madame, si vous pensez que je vous oublie ou que je me résigne à être oublié de vous. Je le voudrais, et ce serait un bonheur pour vous et pour moi sans doute ; mais ma volonté n'y peut rien. La mort d'un parent, des intérêts de famille ont exigé mon temps et mes soins, et j'ai essayé de me livrer à cette diversion inattendue, espérant retrouver quelque calme et pouvoir juger enfin plus froidement ma position à votre égard. Elle est inexplicable ; elle est triste et fatale de tout point ; elle est ridicule peut-être ; mais je me rassure en pensant que vous êtes la seule personne au monde qui n'ayez pas le droit de la trouver telle. Vous auriez bien peu d'orgueil, si vous vous étonniez d'être aimée à ce point et si follement.

Madame, je vous avais obéi ; j'avais attendu pour vous voir le jour où tout le monde en a le droit. J'ai changé d'idée.

Oh ! si j'ai réussi à mêler quelque chose de mon existence dans la vôtre ; si toute une année je me suis occupé de vous préparer un triomphe ; s'il y a à moi, toutes à moi, quelques journées de votre vie, et, malgré vous, quelques-unes de vos pensées, n'était-ce pas une peine qui portait sa récompense avec elle ? Dans cette soirée où je compris toutes les chances de vous plaire et de vous obtenir, où ma seule fantaisie avait mis en jeu votre valeur et la livrait à des hasards, je tremblais plus que vous-même. Eh bien, alors même, tout le prix de mes efforts était dans votre sourire. Vos craintes m'arrachaient le cœur. Mais avec quel transport j'ai baisé vos mains glorieuses ! Ah ! ce n'était pas alors la femme, c'était l'artiste à qui je rendais hommage. Peut-être aurais-je dû toujours me contenter de ce rôle, et ne pas chercher à faire descendre de son piédestal cette belle idole que jusque-là j'avais adorée de si loin.

Vous dirai-je pourtant que j'ai perdu quelque illusion en vous voyant de plus près ? Non !... mais, en se prenant à la réalité, mon amour a changé de caractère. Ma volonté, jusque-là si nette et si précise, a éprouvé un moment de vertige. [...]

IX

Ah ! ma pauvre amie, je ne sais quels rêves vous avez faits ; mais moi, je sors d'une nuit terrible. Je suis malheureux par ma faute, peut-être, et non par la vôtre ; mais je le suis. Oh ! peut-être vous avez eu déjà quelques bonnes intentions pour moi ; mais je les ai laissé perdre et je me suis exposé à votre colère un jour. Grand Dieu ! excusez mon désordre, pardonnez-moi les combats de mon âme. Oui, c'est vrai, j'ai voulu vous le cacher en vain, je vous désire autant que je vous aime ; mais je mourrais plutôt que d'exciter encore une fois votre mécontentement.

Oh ! pardonnez ! je ne suis pas un [?], moi ; depuis trois mois, je vous suis fidèle, je le jure devant Dieu ! Si vous tenez un peu à moi, voulez-vous m'abandonner encore à ces vaines ardeurs qui me tuent ? Puisque je vous avoue tout cela pour que vous y songiez plus tard (car je vous l'ai dit, quelque espoir que vous ayez bien voulu me donner, ce n'est pas à un jour fixé que je voudrais vous obtenir) ; mais arrangez les choses pour le mieux. Ah ! je le sais, les femmes aiment qu'on les force un peu ; elles ne veulent point paraître céder sans contrainte. Mais songez-y, vous n'êtes pas pour moi ce que sont les autres femmes ; je suis plus peut-être pour vous que les autres hommes ; sortons donc des usages de la galanterie ordinaire. Que m'importe que vous ayez été à d'autres, que vous soyez à d'autres peut-être !

Vous êtes la première femme que j'aime et je suis peut-être le premier homme qui vous aime à ce point. Si ce n'est pas là une sorte d'hymen que le ciel bénisse, le mot amour n'est qu'un vain mot ! Que ce soit donc un hymen véritable où l'épouse s'abandonne en disant : C'est l'heure !... Il y a de certaines façons de forcer une femme qui me répugnent. Vous le savez, mes idées sont singulières ; ma passion s'entoure de beaucoup de poésie et d'originalité ; j'arrange volontiers ma vie comme un roman, les moindres désaccords me choquent et les mauvaises manières que prennent les hommes avec les femmes qu'ils ont possédées ne seront jamais les miennes. Laissez-vous aimer ainsi ; cela aura peut-être quelques douceurs charmantes que vous ignorez. Ah ! ne redoutez rien, d'ailleurs, de la vivacité de mes transports! Vos craintes seront toujours les miennes et de même que je sacrifierais toute ma jeunesse et ma force au bonheur de vous posséder, de même aussi mon désir s'arrêterait devant votre réserve, comme il s'est arrêté si longtemps devant votre rigueur.

Ah! ma chère et véritable amie, j'ai peut-être tort de vous écrire ces choses, qui ne peuvent se dire d'ordinaire qu'aux heures d'enivrement. Mais je vous sais si bonne et si sensible que vous ne vous offenseriez pas de paroles qui ne tendent qu'à vous faire lire encore plus complètement dans mon cœur. Je vous ai fait bien des concessions; faites-m'en quelques-unes aussi. La seule chose qui m'effraie serait de n'obtenir de vous qu'une complaisance froide, qui ne partirait pas de l'attachement, mais peut-être de la pitié. Vous avez reproché à mon amour d'être matériel; il ne l'est pas, du moins dans ce sens! Que je ne vous possède jamais si je ne dois avoir dans les bras qu'une femme résignée plutôt que vaincue. Je renonce à la jalousie; je sacrifie mon amour-propre; mais je ne puis faire abstraction des droits secrets de mon cœur sur un autre. Vous m'aimez, oui, moins que je ne vous aime sans doute; mais vous m'aimez, et, sans cela, je n'aurais pas pénétré avant dans votre intimité. Eh bien! vous comprendrez tout ce que je cherche à vous exprimer ici : autant cela serait choquant pour une tête froide, autant cela doit toucher un cœur indulgent et tendre.

Un mouvement de vous m'a fait plaisir, c'est que vous avez paru craindre un instant, depuis quelques jours, que ma constance ne se fût démentie. Ah! rassurez-vous! J'ai peu de mérite à la conserver : il n'existe pour moi qu'une seule femme au monde!

XI

Je vous réponds bien vite pour que vous ne me croyiez pas mécontent ou découragé. Oh! comme vous connaissez bien votre pouvoir sur moi! Comme vous en usez et abusez sans pitié! Moi, je ris à travers mes larmes, je ris par un suprême effort de courage, comme l'Indien qu'on brûle, comme le martyr qu'on tenaille; je suis content de moi, je me trouve sublime et j'excite ma propre admiration.

Jamais je n'ai été si convaincu de cette vérité, que mon amour pour vous est ma religion. Les solitaires de la Thébaïde avaient comme moi des nuits affreuses; ils se tordaient comme moi sous des désirs impitoyables et ils offraient leurs souffrances en holocaustes à l'Éternel; mais c'étaient des gens qui vivaient d'eau et de racines; c'étaient peut-être aussi des tempéraments paisibles et non de ces natures nerveuses, où la passion n'a pas moins de prise que la douleur. Oh! vous êtes bien calme et bien tranquille, vous! Vous me parlez de fidélité sans récompense comme à un chevalier du moyen âge, chevauchant à quelque entreprise dans sa froide armure de fer. J'ai bien un peu de ce sang-là dans les veines, moi, pauvre et obscur descendant d'un châtelain du Périgord; mais les temps sont bien changés et les femmes aussi! Gardez-nous la fidélité des anciens temps et nous nous résignerons peut-être à faire de même. Mais, en vérité, ce serait là bien du temps et du bonheur perdus!

Voyez-vous, je vous parle en riant; mais je tremble que votre lettre ne soit pas tout à fait sérieuse. Il y a toujours quelque niaiserie à trop respecter les femmes et elles prennent souvent avantage d'une trop grande délicatesse pour exiger des sacrifices dont elles se raillent en secret. Oh! je suis bien loin de vous croire coquette ou perfide! mais cette pensée... sacrifié!...

XIX

Madame, puisque le malheur veut qu'une circonstance insignifiante vienne tout à coup m'arracher à ce peu de calme que j'avais retrouvé enfin et qui me servait à préparer l'avenir, puisque tout un passé qu'il fallait oublier revient gronder à mes oreilles et me rapporter à la fois ses émotions et son vertige, écoutez donc quelques mots encore et vous y gagnerez peut-être des mois de résignation et de silence de ma part: Que vous ayez, en un seul jour, oublié tant de dévouement, dont vous aviez des preuves, tant de loyauté et de bonne foi qui se trahissaient dans mes moindres rapports, que vous ayez même flétri d'un doute une proposition qui honorait mon cœur, même en admettant que mon amour-propre en eût mis trop haut l'importance, — je ne vous en veux pas, j'accepte cette punition cruelle d'une imprudence probable dont j'ai peine à me rendre compte même aujourd'hui... Mais je ne vois dans tout cela rien d'irréparable. Je ne suis coupable d'aucun de ces crimes qu'une femme ne peut pardonner et, vous l'avouerai-je, l'excès même de votre ressentiment m'a découragé moins que n'eût fait le dédain d'une âme indifférente. J'aurais perdu tout espoir si vous m'eussiez quitté par ennui, par fatigue, ou par la diversion d'un autre attachement; mais rien de tout cela! Mon amour a été tranché dans le vif; il y a une blessure et non une plaie. Je ne puis me rappeler ce jour fatal sans penser à la veille, si belle et si enivrante qu'il eût fallu mourir après. Mon Dieu! notre pauvre lune de miel n'a guère eu qu'un premier quartier... et vous me connaissez si peu encore, que vous ne m'avez ni bien compris jusqu'ici, ni bien jugé. Vos injustices en seraient une preuve déjà. Oh! daignez interroger votre cœur et vous vous direz qu'il y a

malgré tout quelque chose qui bat encore pour moi, que tous
ces hommes qui vous ont entourée depuis quelque temps sont
plus riches et plus beaux, mais n'ont pas cette âme, cet esprit
même que vous aviez su distinguer, qu'ils sont frivoles surtout
et aussi incapables d'aimer que de sentir en eux l'ambition des
grandes choses. Ah! l'amour et l'art nous réuniront malgré
tout! Vous sentirez que toutes ces relations brillantes laissent
un côté vide dans le cœur, que c'est beaucoup d'avoir rencontré
un ami fidèle, soumis, dont l'affection se conserve pure, à travers toutes sortes d'amertumes. Pourquoi vous risqueriez-vous
à choisir quelque autre que moi? Je sais vos habitudes; vous
pouvez me rendre prudent par beaucoup de confiance. Quel
intérêt aurais-je à vous compromettre aujourd'hui? Je sais
maintenant de quoi il faudra se garder et je tiens, d'ailleurs,
à m'isoler de plus en plus, à vivre tout à fait pour vous. Ce
n'est pas difficile pour qui ne pense qu'à vous seule... Eh bien!
vous me verriez aussi rarement qu'il vous plairait. Nous trou-
verions les précautions les plus sûres. Puisque vous avez tant
à craindre, votre secret sera sous la garde de mon honneur.

Mais j'ai besoin de vous voir un peu de temps en temps, de
vous voir à tout prix; je vous ai aperçue hier et vous étiez
si belle, vous aviez l'air si doux!... J'ai retrouvé dans vos traits
quelque chose de cette expression de bonté qui me charmait
tant, quand vous m'étiez favorable.

Ah! cruelle femme, ne dites pas que vous ne m'avez pas aimé!
autrement, vous auriez été bien trompeuse! Si vous m'aimiez,
vous m'aimez toujours. Vous êtes touchée de cette passion
qui survit à tout, qui garde pour elle toute l'humiliation et
tout le malheur et qui vous laisse à vous toute liberté, toute
fantaisie, qui ne se plaint pas même de votre inconstance,
mais seulement de votre injustice...

Vous serez bien avancée quand vous m'aurez fait mourir! Que
diriez-vous, si j'allais me tuer, comme D...!

JUGEMENTS

Ce que Léon Cellier appelle « la montée lumineuse » de Nerval correspond à une réalité : peu de remarques importantes à puiser dans le XIXᵉ siècle, qui semble avoir méconnu Gérard. À moins que, à l'image de Gautier et des proches amis du poète, la légende du bohème ne l'ait emporté sur l'analyse de l'œuvre. Baudelaire a pu écrire que Gérard était « une intelligence brillante, active »; Heine a pu lui rendre hommage en prétendant que « c'était une âme plutôt qu'un homme », les témoignages demeurent rares et sans grand intérêt. Sainte-Beuve lui-même n'a pas daigné faire un article complet sur une œuvre de Gérard !

Chronologiquement, c'est à Proust que l'on doit la première lecture véritable de Sylvie. Dans les cahiers de lycéen du Contre Sainte-Beuve, le jeune Marcel trouve les premières touches du futur roman de sa vie : sensation évocative des noms, magie du souvenir, univers pré-proustien propre à l'impressionnisme critique du lecteur privilégié qu'était le père de Swann.

La couleur de Sylvie, c'est une couleur pourpre, d'une rose pourpre en velours pourpre ou violacée, et nullement les tons aquarellés de leur France modérée. À tout moment ce rappel de rouge revient, tirs, foulards rouges, etc. Et ce nom lui-même pourpré de ses deux i : Sylvie, la vraie Fille du Feu. Pour moi qui pourrais les dénombrer, ces mystérieuses lois de la pensée que j'ai souvent souhaité d'exprimer et que je trouve exprimées dans Sylvie — j'en pourrais compter, je le crois, jusqu'à cinq et six — j'ai le droit de dire que, quelque distance qu'une exécution parfaite — et qui est tout — mette entre une simple velléité de l'esprit et un chef-d'œuvre, mette entre les écrivains dits en dérision penseurs et Gérard, c'est eux qui peuvent pourtant se réclamer de lui [plutôt] que ceux à qui la perfection de l'exécution n'est pas difficile, puisqu'ils n'exécutent rien du tout. Certes, le tableau présenté par Gérard est délicieusement simple. Et c'est la fortune unique de son génie. Ces sensations si subjectives, si nous disons seulement la chose qui les provoque, nous ne rendons pas précisément ce qui [leur] donne du prix à nos yeux. Mais aussi, si nous essayons en analysant notre impression de rendre ce qu'elle a de subjectif, nous faisons évanouir l'image et le tableau. De sorte que par désespoir nous alimentons encore mieux nos rêveries avec ce qui nomme notre rêve sans l'expliquer, avec les indicateurs de chemin de fer, les récits de voyageurs, les noms des commerçants et des rues d'un village, les notes de M. Bazin où chaque espèce d'arbre est nommée, que dans un trop subjectif Pierre Loti. Mais Gérard a trouvé le moyen de ne faire que peindre et de donner à son tableau les couleurs de son rêve. Peut-être y a-t-il encore un peu trop d'intelligence dans sa nouvelle...

Marcel Proust,
Contre Sainte-Beuve (Pléiade, N. R. F., pp. 239-240)
[Paris, © Gallimard, 1971].

La conclusion de ce bel article, résumant les « impressions » de Proust, est tout autant une introduction à la lecture de la Recherche qu'à l'œuvre nervalienne.

Mais Gérard allait revoir le Valois pour composer *Sylvie*? Mais oui. La passion croit son objet réel, l'amant de rêve d'un pays veut le voir. Sans cela, ce ne serait pas sincère. Gérard est naïf et voyage. Marcel Prévost se dit : restons chez nous, c'est un rêve. Mais tout compte fait, il n'y a que l'inexprimable, que ce qu'on croyait ne pas réussir à faire entrer dans un livre qui y reste. C'est quelque chose de vague et d'obsédant comme le souvenir. C'est une atmosphère. L'atmosphère bleuâtre et pourprée de *Sylvie*. Cet inexprimable-là, quand nous ne l'avons pas ressenti nous nous flattons que notre œuvre vaudra celle de ceux qui l'ont ressenti, puisque en somme les mots sont les mêmes. Seulement ce n'est pas dans les mots, ce n'est pas exprimé, c'est tout mêlé entre les mots comme la brume d'un matin de Chantilly.

Marcel Proust, op. cit. (pp. 241-242)
[Paris, © Gallimard, 1971].

Autre lecture magistrale : celle de Giraudoux dans Littérature (1941). S'attachant avant tout à Aurélia, l'auteur d'Électre tente de « comprendre » l'écriture nervalienne à partir de l'expérience vécue par Gérard. Dès lors, l'homme et son œuvre se fondent en une joie unique, d'autant plus unique qu'elle se développe à une époque qui semble avoir fait des pleurs un mode de vie.

Au matin même de sa mort il lui était encore possible d'en faire le modèle d'une vie, — ne disons pas heureuse —, mais bienheureuse. Ce n'est pas de ses misères qu'il a composé son malheur, chacune au lieu de le rattacher impérieusement au monde l'en détachait ; c'est au contraire de ses aises, de ses voluptés, de ses nuits sur le Bosphore, ou sur le Valois, si bien que pour la première fois un sentiment de luxe et de rareté se glisse, à propos de Nerval, dans ce mot de malheur. Il n'a été ni méprisé ni orgueilleux, il n'était solitaire que quand il désirait la solitude ; rarement les douleurs ont été traitées ici-bas de cette façon à la fois naïve et royale. Alors que les autres romantiques insistent de façon parfois impudique sur la douleur elle-même, Nerval l'enjambe, la tait, comme il se tait sur l'amour lui-même, pour n'en admettre et n'en éprouver que les effets. Si bien que de cette existence qu'on dit malheureuse, tout est connu, tout est visible, excepté justement les malheurs. C'est cette aisance, dès les premières lignes, qui nous attache pour toujours à Nerval, et nous fait sentir combien ses contemporains sont plus « parvenus » dans la plainte que dans la jubilation.

Jean Giraudoux,
Littérature (N. R. F., « Idées », p. 70)
[Paris, © Grasset, 1941].

Quelques jugements sur « Sylvie ».

De l'importante masse d'articles, de livres consacrés en totalité ou en partie à cette nouvelle, nous avons voulu retenir les plus caractéristiques et les plus pertinentes analyses de la critique universitaire.

Jean Richer, à qui l'on doit de très nombreuses études sur Nerval, s'est surtout attaché à montrer le caractère maladif que dénote l'étude attentive de la nouvelle : avant tout, c'est la peur de la mort qui transparaît derrière les multiples expériences du narrateur de Sylvie.

Cette géographie mystique d'un Valois de songe, cette obsession des déguisements et des doubles qui caractérisent si nettement *Sylvie* mettent en évidence le côté narcissique du tempérament nervalien et traduisent une fuite devant le réel, forme larvée de la thanatophobie. Les formes vaporeuses nées d'un excès de complaisance de l'homme à l'égard de ses propres créations lui donnent un instant l'illusion d'avoir transfiguré le passé éphémère en éternel présent. Mais l'apparent état de grâce auquel parvient l'artiste n'est qu'une forme de narcissisme.

Jean Richer,
Nerval, expérience et création (Paris, Hachette, p. 319).

Pour Ross Chambers, l'élément dominant de la nouvelle tient dans la duplicité des thèmes : voyage diurne/voyage nocturne, réel/rêve, narrateur/Gérard l'écrivain. Ce jeu d'oppositions se révèle finalement fondamental et permet de rendre compte de l'évolution du récit et de l'échec final.

Ce n'est que dans le souvenir du « narrateur » et au moyen de l'écriture que [la] réconciliation désirée peut s'opérer. [...] On voit que le *narrateur* de Sylvie, faisant de sa vie une matière artistique, se heurte beaucoup moins que son héros à la cloison impénétrable qui sépare le rêve de la réalité. [...]

Son moi ancien hésitait, et perdait des deux côtés, faute de savoir choisir ; mais ici, le narrateur a choisi. Il a choisi de s'en tenir à la réalité et de négliger l'illusion. [...] On voit ce qu'il y gagne : une certaine tranquillité, un calme sentiment d'ordre et de nécessité, de la résignation en somme. Mais on voit aussi ce qu'il a perdu : pour en arriver là, il a dû sacrifier une partie de lui-même, supprimer en lui l'homme du rêve, accepter de vivre incomplet.

Ross Chambers,
Gérard de Nerval et la poétique du voyage
(Paris, Corti, pp. 264-266).

Pour R.-M. Albérès, l'aspect important réside dans l'art même du récit, qui révèle un visionnaire.

La frêle et peut-être imaginaire compagne d'enfance, Sylvie-Célénie, l'inconnue entrevue dans la ronde, Adrienne, l'actrice admirée en-deçà des feux de la rampe, Aurélie, ont constitué, sur plusieurs plans de réalité et

de rêve, une légende amoureuse et mystique, plus complexe, plus esthétique et plus spiritualisée que les légendes du Valois auxquelles la mêle
Nerval. Son art, sa magie et, en un sens, sa révélation se résument dans
le pouvoir que l'homme possède, par l'acuité de sa vie spirituelle, non pas
de transformer et d'idéaliser la vie, mais de la recomposer suivant des
perspectives qui appartiennent à la fantaisie, à la poésie, ou à la vérité
essentielle des êtres.

R.-M. Albérès,
Gérard de Nerval (Paris, Éd. universitaires, p. 97).

*C'est d'ailleurs le sentiment de Léon Cellier, qui, en conclusion de son
étude sur Nerval, l'homme et l'œuvre, voit dans Sylvie la profession de foi
d'une époque, l'échec d'une génération, mais aussi la naissance d'un poète
qui se découvre enfin à lui-même.*

Tous les thèmes romantiques sont rassemblés ici en un délicat florilège ;
et chacun est traité en des tonalités différentes, légères parfois, graves
souvent, toujours musicalement pures : la Mélancolie, la Passion, le Rêve,
la Fantaisie, le Voyage, le Chant, le Souvenir, la Nostalgie de l'enfance et
du paradis perdu, l'Amour de la Nature, la Magie du théâtre, la Quête de
joie, l'Inquiétude religieuse.

[...] au gentil Gérard à la verve badine, à l'humour léger, succède le
tendre Gérard qui rit en pleurs ; l'homme au dix-sept religions ; le mal aimé
qui finit par comprendre qu'il aime mal parce qu'il cherche un drame ; le
héros mythique, le nouvel Orphée criant : Eurydice ! Eurydice ! ou le nouveau
Christ gémissant au jardin des Oliviers ; le Nerval tragique que les obsessions
assiègent et que tente le suicide ; le Nerval lucide, modeste et orgueilleux,
qui se croit, qui se veut, qui se sait poète.

Léon Cellier,
Introduction aux « Filles du feu »
(Paris, Garnier-Flammarion, p. 17).

Quelques jugements sur « les Chimères ».

*L'hermétisme réfractaire des sonnets nervaliens a suscité une abondante
production critique. Les gloses se sont multipliées au point que le texte semble
avoir été abandonné au profit de constructions absconses parfois plus
complexes à pénétrer que la poésie même. On a pu aller jusqu'à proposer
plus de vingt-cinq explications du seul vers 9 du « Desdichado » !*

*Tout n'est cependant pas à rejeter dans cette production. Il nous a semblé
intéressant de relever quatre jugements, caractéristiques d'attitudes critiques différentes à l'égard d'un même texte. Tout d'abord, la critique du
poète, projection d'une sensibilité fraternelle sur le texte de Gérard :
aucun effort pour cerner la véritable signification du discours, mais un
impressionnisme révélateur à plus d'un titre de Valéry plus que de Nerval.*

Le charme très certain de ces quelques sonnets [les Chimères], dont je
ne vois pas les analogues dans notre littérature, tient peut-être à l'impres-

sion qu'ils excitent d'une personnalité à la fois faible et violente, savante et naïve, rebelle et masquée, dont le désespoir non défini, mais qu'on sent profond et vrai, mêle dans ses jaculations tout ce que les souvenirs imaginaires d'existences abolies lui offrent de symboles pour son expression [...], mais une détresse affreuse est le fond commun de tous ces poèmes dont la fantasmagorie et la mystique naturaliste révèlent bien plus qu'elles ne la voilent la misérable condition d'une sensibilité livrée aux rigueurs du dénuement et aux terribles instances de la mélancolie anxieuse.

Paul Valéry,
« Souvenirs de Nerval » (Paris, Gallimard, Variété, Études littéraires).

Tout autre est l'attitude de Charles Mauron : le texte ne l'intéresse que dans la mesure où il révèle un « réseau » obsessionnel que l'on peut vérifier à travers l'ensemble d'une œuvre dans sa globalité. Il est ainsi conduit à confronter l'expérience des Chimères avec celle que traduit « Octavie » dans les Filles du feu. D'où l'interprétation des Chimères, ultime étape dans la recherche des archétypes nervaliens.

Ainsi partout, nous retrouvons, du point de vue affectif, la même situation triangulaire. La nouvelle d'*Octavie* en juxtapose deux versions. *Les Chimères* la reprennent et en modulent les aspects affectifs : mélancolie du fils vaincu, à qui l'image persécutrice a volé son objet d'amour (*El Desdichado*), prière pour qu'on le lui rende (*Myrtho*), assurance du triomphe (*Horus*), rage de la victime et désir de revanche (*Antéros*), attente incertaine (*Delfica*), choix de la communion dans l'abîme et la mort (*Artémis*)[245].

Charles Mauron,
Des métaphores obsédantes au mythe personnel
(Paris, Corti, p. 76).

Dans une perspective d'évolution de la poésie française, Gaétan Picon entend montrer la position privilégiée et fondamentale du discours nervalien. Point de rupture de la poésie, les Chimères sont ainsi l'aboutissement édulcoré de l'expérience romantique et l'ouverture du « super-naturalisme » évoqué par l'écrivain lui-même.

Nerval est ainsi le seul poète romantique qui ait vécu exclusivement et rigoureusement ce que toute l'époque a senti de façon diffuse et désordonnée : la détresse d'une religiosité sans objet, le regret du paradis perdu, l'espoir d'une renaissance du sacré. Il est le premier, en tout cas, à fonder la poésie sur une rêverie lucide, un délire maîtrisé, et à exiger d'elle, avec

---

245. « On remarquera, en outre, que les six sonnets nous présentent trois couples : El Desdichado-Myrtho (ou Delfica) ; Horus-Isis ; Antéros-Artémis. Ils semblent présenter trois attitudes affectives : espoir de se raccrocher à la réalité d'un objet aimé (jeune fille) ; transfert de cet espoir sur une image maternelle religieuse ; sentiment de persécution et choix de l'abîme. » (Note de Mauron.)

la puissance du mythe, la suprême condensation du langage. Rompant avec l'abondant discours romantique, il la fait décisivement pencher vers le versant qui conduira de Baudelaire à Mallarmé. Et nul, dans cette poésie nouvelle qu'il fonde, n'enfermera tant de nuit sous le givre d'un si pur cristal, tant de clarté au cœur des ténèbres, un plus profond murmure sous le bloc indescellable du vers.

Gaétan Picon,
« Nerval », in *Encyclopédie de la Pléiade,* tome III
(Paris, N. R. F., pp. 915-916).

Enfin, c'est un travail tout différent qui a guidé Jacques Geninasca dans son Analyse structurale des « Chimères ». En visant à « rétablir l'auteur dans sa dignité de poète », le critique s'est avant tout appuyé sur la litté-rarité même des poèmes, délaissant toute approche qui tendrait à privilégier l'historicité du texte au détriment de ce dernier. À partir d'analyses minu-tieuses — mais parfois complexes — portant sur tous les niveaux du texte (syntaxique, sémantique, verbal), J. Geninasca parvient ainsi à « saturer » l'œuvre nervalienne pour jeter les fondements « d'une grammaire du dis-cours poétique ». La conclusion de son analyse révèle justement le but de sa démarche : à la question fondamentale sur l'organisation d'ensemble du recueil, le critique donne la réponse qui suit.

Les Chimères seraient-elles un recueil en forme de sonnet ? Plusieurs éléments de notre description suggèrent, entre le tout et ses parties, l'exis-tence d'une similitude formelle qui en assure la solidarité. Le recueil comporte deux parties principales à la fois égales — par le nombre des sonnets (six et six) — et dissemblables par le nombre des poèmes qui les composent (six et deux). Chacune de ces parties se subdivise à son tour en deux sous-parties, mais, si un principe de symétrie commande la dispo-sition embrassée des six premières pièces, la présence de deux poèmes d'inégale longueur caractérise la deuxième partie.

La ressemblance entre les Chimères et un poème isolé ne va pas plus loin ; il ne semble pas que ce recueil se prête, par exemple, à une lecture proprement diachronique. Tout au plus remarque-t-on, entre les poèmes, des relations de tout à partie : le poème liminaire, *El Desdichado,* par exemple, « présuppose » tous les autres puisqu'on retrouve en lui, intégrées, toutes les oppositions qui servent à articuler les poèmes ou les groupes de pièces entre eux. De manière inverse et complémentaire, à l'autre bout du recueil, *Vers dorés* apparaît comme le poème le plus *simple,* celui dont la tâche est de fournir le contenu fondamental, de formuler la condition nécessaire, mais non suffisante, de tous les autres développements [...].

Jacques Geninasca,
Analyse structurale des « Chimères »
(Neuchâtel, La Baconnière, pp. 364-365)
[© La Baconnière, 1971].

SUJETS DE DEVOIRS ET D'EXPOSÉS

EXPOSÉS

● Étude des structures narratives dans *Sylvie* :

    a) en fonction du temps ;

    b) en fonction du rêve.

● L'opposition rêve et réalité et sa matérialisation dans le récit.

● Les figures féminines : rôle, fonctions.

● Le narrateur : statut, rôle et rapports avec Nerval.

● La mythologie dans *les Chimères*.

● La fonction poétique d'après *les Chimères* et les autres poésies.

DISSERTATIONS

● En quoi les textes nervaliens permettent-ils d'interpréter la formule du poète : « diriger mon rêve éternel au lieu de le subir » ?

● Jeanine Moulin prétend que « l'expérience romantique l'attira [Gérard] avec une telle violence qu'elle engloutit sa vie ». À partir d'une étude comparative des œuvres de Nerval et de ses contemporains, vous tenterez de définir ce qu'est le « romantisme » nervalien.

● Parlant de l'expérience baudelairienne, Yves Bonnefoy prétend qu'elle « a ranimé la grande idée sacrificielle inscrite dans la poésie ». Une telle remarque s'applique-t-elle au discours nervalien ?

● En vous appuyant à la fois sur *Sylvie* et sur *les Chimères*, vous tenterez de définir ce que la critique appelle le « mythe nervalien ».

TABLE DES MATIÈRES

IMPRIMERIE HÉRISSEY. – 27000 ÉVREUX.
Dépôt légal : Mai 1973. — N° 46836. — N° de série Éditeur 14886.
IMPRIMÉ EN FRANCE (*Printed in France*).
870 127 H-Janvier 1989.